中阿含經

東晉罽賓三藏瞿曇僧伽提婆 譯

中阿含經

東晉罽賓三藏瞿曇僧伽提婆　譯

隨身佛典

中阿含經

東晉罽賓三藏瞿曇僧伽提婆　譯

隨身佛典

中阿含經

東晉罽賓三藏瞿曇僧伽提婆　譯

隨身佛典

中阿含經

第六册

卷三十七～卷四十四

東晉罽賓三藏瞿曇僧伽提婆　譯

◉目錄〔第六冊〕

中阿含經卷第三十七

東晉罽賓三藏瞿曇僧伽提婆譯

（一四九）梵志品何欲經第八第三念誦

我聞如是：一時，佛遊舍衛國，在勝林給孤獨國。

爾時生聞梵志中後彷徉，往詣佛所，共相問訊，却坐一面，白曰：「瞿曇！欲有所問，聽乃敢陳。」

世尊告曰：「恣汝所問。」

梵志即便問曰：「瞿曇！剎利何欲、何行、何立、何依、何訖耶？」

世尊答曰：「剎利者，欲得財物，行於智慧，所立以刀，依於人民，以自在為訖。」

生聞梵志問曰：「瞿曇！居士何欲、何行、何立、何依、何訖耶？」

世尊答曰：「居士者，欲得財物，行於智慧，立以技術，依於作業，以作業竟為訖。」

生聞梵志問曰：「瞿曇！婦人何欲、何行、何立、何依、何訖耶？」

世尊答曰：「婦人者，欲得男子，行於嚴飾，立以兒子，依於無對，以自在為訖。」

生聞梵志問曰：「瞿曇！偷劫何欲、何行、何立、何依、何訖耶？」

世尊答曰：「偷劫者，欲不與取，行隱藏處，所立以刀，依於闇冥，以不見為訖。」

生聞梵志問曰：「瞿曇！梵志何欲、何行、何立、何依、何訖耶？」

世尊答曰：「梵志者，欲得財物，行於智慧，立以經書，依於齋戒，以梵天為訖。」

生聞梵志問曰：「瞿曇！沙門何欲、何行、何立、何依、何訖耶？」

世尊答曰：「沙門者，欲得真諦，行於智慧，所立以戒，依於無處，以涅槃為訖。」

生聞梵志白曰：「世尊！我已知。善逝！我已解。世尊！我今自歸於佛、法及比丘衆，唯願世尊受我為優婆塞！從今日始，終身自歸，乃至命盡。」

佛說如是，生聞梵志聞佛所說，歡喜奉行。

何欲經第八竟四百二十二字

（一五〇）中阿含梵志品鬱瘦歌邏經第九第三念誦

我聞如是：一時，佛遊王舍城，在竹林加蘭哆園。

爾時鬱瘦歌邏梵志，中後彷徉，往詣佛所，共相問訊，却坐一面，白曰：「瞿曇！欲有所問，聽乃敢陳。」

世尊告曰：「恣汝所問。」

鬱瘦歌邏梵志即便問曰：「瞿曇！梵志為四種姓施設四種奉事：

為梵志施設奉事，為剎利、居士、工師施設奉事。瞿曇！梵志為梵志施設奉事，梵志應奉事梵志，剎利、居士、工師亦應奉事梵志。瞿曇！此四種姓應奉事梵志。瞿曇！梵志為剎利施設奉事，剎利應奉事剎利，居士、工師亦應奉事剎利。瞿曇！此三種姓應奉事剎利。瞿曇！梵志為居士施設奉事，居士應奉事居士，工師亦應奉事居士。瞿曇！此二種姓應奉事居士。瞿曇！梵志為工師施設奉事，工師應奉事工師，誰復下賤，應施設奉事工師？唯工師奉事工師。」

世尊問曰：「梵志！諸梵志頗自知為四種姓施設四種奉事：為梵志施設奉事，為剎利、居士、工師施設奉事耶？」

鬱瘦歌邏梵志答曰：「不知也，瞿曇！但諸梵志自作是說：『我於此世，天及魔、梵、沙門、梵志，從人至天，梵志不自知為四種姓施設四種奉事：為梵志施設奉事，為剎利、居士、工師施設奉事。』」

世尊告曰：「梵志！猶如有人，強與他肉，而作是說：『士夫可食，當與我直。』梵志！汝為諸梵志說，亦復如是。所以者何？梵志不自知為四種姓施設四種奉事：為梵志施設奉事，為剎利、居士、工師施設奉事。」

世尊問曰：「梵志！云何奉事？若有奉事，因奉事故，有如無勝者，為是奉事耶？若有奉事，因奉事故，有勝無如者，為是奉事耶？梵志！若奉事梵志，因奉事故，有如無勝者，為是奉事耶？奉事剎利、居士、工師，因奉事故，有如無勝者，為是奉事耶？梵志！若奉事梵志，因奉事故，有勝無如者，為是奉事耶？奉事剎利、居士、工師，因奉事故，有勝無如者，為是奉事耶？」

鬱瘦歌邏梵志答曰：「瞿曇！若我奉事，因奉事故，有如無勝者，我不應奉事彼。若我奉事，因奉事故，有勝無如者，我應奉事彼。瞿曇！若奉事梵志，因奉事故，有如無勝者，我不應奉事彼。奉事剎利、居士、工師，因奉事故，有如無勝者，我不應奉事彼。瞿曇！若奉事梵志，因奉事故，有勝無如者，我應奉事彼。奉事剎利、居士、工師，因奉事故，有勝無如者，我應奉事彼。」

世尊告曰：「梵志！若更有梵志來，非愚非癡，亦非顛倒，心無顛倒，自由自在。我問彼梵志：『於意云何？若有奉事，因奉事故，有如無勝者，為是奉事耶？若有奉事，因奉事故，有勝無如者，為是奉事耶？梵志！若奉事梵志，因奉事故，有如無勝者，為是奉事耶？奉事剎利、居士、工師，因奉事故，有如無勝者，為是奉事耶？梵志！若奉事梵志，因奉事故，有勝無如者，為是奉事耶？奉事剎利、居士、工師，因奉事故，有勝無如者，為是奉事耶？」

「梵志！彼梵志非愚非癡，亦非顛倒，心無顛倒，自由自在，答我曰：『瞿曇！若我奉事，因奉事故，有如無勝者，我不應奉事彼。若我奉事，因奉事故，有勝無如者，我應奉事彼。瞿曇！若奉事梵志，因奉事故，有如無勝者，我不應奉事彼。奉事剎利、居士、工師，因奉事故，有如無勝者，我不應奉事彼。瞿曇！若奉事梵志，因奉事故，有勝無如者，我應奉事彼。奉事剎利、居士、工師，因奉事故，有勝無如者，我應奉事彼。』」

世尊問曰：「梵志！於意云何？若有奉事，因奉事故，失信、戒、博聞、庶幾、智慧者，為是奉事耶？若有奉事，因奉事故，增益信、戒、博聞、庶幾、智慧者，為是奉事耶？梵志！若奉事梵志，因奉事故，失信、戒、博聞、庶幾、智慧者，為是奉事耶？奉事剎利、居士、工師，因奉事故，失信、戒、博聞、庶幾、智慧者，為是奉事耶？梵志！若奉事梵志，因奉事故，增益信、戒、博聞、庶幾、智慧者，為是奉事耶？奉事剎利、居士、工師，因奉事故，增益信、戒、博聞、庶幾、智慧者，為是奉事耶？」

鬱瘦歌邏梵志答曰：「瞿曇！若我奉事，因奉事故，失信、戒、博聞、庶幾、智慧者，我不應奉事彼。若我奉事，因奉事故，增益信、戒、博聞、庶幾、智慧者，我應奉事彼。瞿曇！若奉事梵志，因奉事故，失信、戒、博聞、庶幾、智慧者，我不應奉事彼。奉事剎利、居士、工師，因奉事故，失信、戒、博聞、庶幾、智慧者，我不應奉事彼。瞿曇！若奉事梵志，因奉事故，增益信、戒、博聞、庶幾、智慧者，我應奉事彼。奉事剎利、居士、工師，因奉事故，增益信、戒、博聞、庶幾、智慧者，我應奉事彼。」

世尊告曰：「梵志！若更有梵志來，非愚非癡，亦非顛倒，心無顛倒，自由自在。我問彼梵志：『於意云何？若有奉事，因奉事故，失信、戒、博聞、庶幾、智慧者，為是奉事耶？若有奉事，因奉事故，增益信、戒、博聞、庶幾、智慧者，為是奉事耶？梵志！若奉事梵志，因奉事故，失信、戒、博聞、庶幾、智慧者，為是奉事耶？奉事剎利、居士、工師，因奉事故，失信、戒、博聞、庶幾、智慧者，為是奉事耶？梵志！若奉事梵志，因奉事故，增益信、戒、博聞、庶幾、智慧者，為是奉事耶？奉事剎利、居士、工師，因奉事故，增益信、戒、博聞、庶幾、智慧者，為是奉事耶？」

「梵志！彼梵志非愚非癡，亦非顛倒，心無顛倒，自由自在，亦如是答我曰：『瞿曇！若我奉事，因奉事故，失信、戒、博聞、庶幾、智慧者，我不應奉事彼。若我奉事，因奉事故，增益信、戒、博聞、庶幾、智慧者，我應奉事彼。瞿曇！若奉事梵志，因奉事故，失信、戒、博聞、庶幾、智慧者，我不應奉事彼。奉事剎利、居士、工師，因奉事故，失信、戒、博聞、庶幾、智慧者，我不應奉事彼。瞿曇！若奉事梵志，因奉事故，增益信、戒、博聞、庶幾、智慧者，我應奉事彼。奉事剎利、居士、工師，因奉事故，增益信、戒、博聞、庶幾、智慧者，我應奉事彼。』」

鬱瘦歌邏梵志白曰：「瞿曇！梵志為四種姓施設四種自有財物：為梵志施設自有財物，為剎利、居士、工師施設自有財物。

「瞿曇！梵志為梵志施設自有財物者，瞿曇！梵志為梵志施設乞求自有財物。若梵志輕慢乞求者，則便輕慢自有財物。輕慢自有財物已，則便失利。猶如放牛人不能看牛者，則便失利。如是，瞿曇！梵志為梵志施設乞求自有財物。若梵志輕慢乞求者，則便輕慢自有財物。輕慢自有財物已，則便失利。

「瞿曇！梵志為剎利施設自有財物者，瞿曇！梵志為剎利施設弓箭自有財物。若剎利輕慢弓箭者，則便輕慢自有財物。輕慢自有財物已，則便失利。猶如放牛人不能看牛者，則便失利。如是，瞿曇！梵志為剎利施設弓箭自有財物。若剎利輕慢弓箭者，則便輕慢自有財物。輕慢自有財物已，則便失利。

「瞿曇！梵志為居士施設自有財物者，瞿曇！梵志為居士施設田作自有財物。若居士輕慢田作者，則便輕慢自有財物。輕慢自有財物已，則便失利。猶如放牛人不能看牛者，則便失利。如是，瞿曇！梵志為居士施設田作自有財物。若居士輕慢田作者，則便輕慢自有財物。輕慢自有財物已，則便失利。

「瞿曇！梵志為工師施設自有財物者，瞿曇！梵志為工師施設麻自有財物。若工師輕慢麻者，則便輕慢自有財物。輕慢自有財物已，則便失利。猶如放牛人不能看牛者，則便失利。如是，瞿曇！梵志為工師施設麻自有財物。若工師輕慢麻者，則便輕慢自有財物。輕慢自有財物已，則便失利。」

世尊問曰：「梵志！諸梵志頗自知為四種姓施設四種自有財物：為梵志施設自有財物，為剎利、居士、工師施設自有財物耶？」

鸚鵡歌邏梵志答曰：「不知也，瞿曇！但諸梵志自說：『我於此世，天及魔、梵、沙門、梵志，從人至天，不自知為四種姓施設四種自有財物：為梵志施設自有財物，為剎利、居士、工師施設自有財物。』」

世尊告曰：「梵志！猶如有人，強與他肉，而作是說：『士夫可食，當與我直。』梵志！汝為諸梵志說，亦復如是。所以者何？梵志不自知為四種姓施設四種自有財物：為梵志施設自有財物，為剎利、居士、工師施設自有財物。如是，梵志！我自善解、善知諸法，為人施設息止法、滅訖法、覺道法、善趣法，施設自有財物。」

世尊問曰：「梵志！於意云何？頗有梵志於此虛空不著、不縛、不觸、不礙，剎利、居士、工師不然耶？」

鬱瘦歌邏梵志答曰：「瞿曇！梵志於此虛空不著、不縛、不觸、不礙，剎利、居士、工師亦然如是。」

「梵志！我自善解、善知諸法，為人施設息止法、滅訖法、覺道法、善趣法，施設自有財物。」

世尊問曰：「梵志！於意云何？頗有梵志能行慈心，無結無怨，無恚無諍，剎利、居士、工師不然耶？」

鬱瘦歌邏梵志答曰：「瞿曇！梵志能行慈心，無結無怨，無恚無諍，剎利、居士、工師亦然如是。」

「梵志！我自善解、善知諸法，為人施設息止法、滅訖法、覺道法、善趣法，施設自有財物。」

世尊問曰：「梵志！於意云何？若百種人來，或有一人而語彼曰：『汝等共來，若有生剎利族、梵志族者，唯彼能持澡豆至水洗浴，去垢極淨。』梵志！於意云何？為剎利族、梵志族者，彼能持澡豆至水洗浴，去垢極淨耶？為居士族、工師族者，彼不能持澡豆◎至水☆洗浴，去垢極淨耶？為一切百種人，皆能持澡豆至水洗浴，去垢極淨耶？」

鬱瘦歌邏梵志答曰：「瞿曇！彼一切百種人皆能持澡豆至水洗浴，去垢極淨。」

「如是，梵志！我自善解、善知諸法，為人施設息止法、滅訖法、覺道法、善趣法，施設自有財物。」

世尊問曰：「梵志！於意云何？若百種人來，或有一人而語彼曰：『汝等共來，若生剎利族、梵志族者，唯彼能以極燥娑羅及栴檀木用作火母，以鑽鑽之，生火長養。』梵志！於意云何？為剎利族、梵志族者，彼能以極燥娑羅及栴檀木用作火母，以鑽鑽之，生火長養耶？為居士族、工師族者，彼當以燥猪狗槽伊蘭檀木及餘弊木用作火母，以鑽鑽之，生火長養耶？為一切百種人，皆能以若干種木用作火母，以鑽鑽之，生火長養耶？」

欝瘦歌邏梵志答曰：「瞿曇！彼一切百種人皆能以若干種木用作火母，以鑽鑽之，生火長養。」

「如是，梵志！我自善解、善知諸法，為人施設息止法、滅訖法、覺道法、善趣法，施設自有財物。」

世尊問曰：「梵志！於意云何？若彼百種人，皆以若干種木用作火母，以鑽鑽之，生火長養。彼一切火皆有燄、有色、有熱、有光，皆能作火事。為彼火獨有燄、有色、有熱、有光，能作火事耶？為彼火獨無燄、無色、無熱、無光，不能作火事耶？為彼一切火皆有燄、有色、有熱、有光，皆能作火事耶？」

鬱瘦歌邏梵志答曰：「瞿曇！若百種人，皆以若干種木用作火母，以鑽鑽之，生火長養者，彼一切火皆有燄、有色、有熱、有光，皆能作火事。若彼火獨有燄、有色、有熱、有光，能為火事者，終無是處。若彼火獨無燄、無色、無熱、無光，不能為火事者，亦無是處。

但，瞿曇！彼一切火皆有焰、有色、有熱、有光，皆能作火事。」

「如是，梵志！我自善解、善知諸法，為人施設息止法、滅訖法、覺道法、善趣法，施設自有財物。」

世尊問曰：「梵志！於意云何？若彼百種人，皆以若干種木用作火母，以鑽鑽之，生火長養。彼或有人以燥草木著其火中，生焰、生色、生熱、生烟，頗有焰、色、熱、烟，焰、色、熱、烟而差別耶？」

欝瘦歌邏梵志答曰：「瞿曇！若彼百種人，皆以若干種木用作火母，以鑽鑽之，生火長養。彼若有人以燥草木著其火中，生焰、生色、生熱、生烟，我於彼火焰、色、熱、烟，焰、色、熱、烟不能施設有差別也。」

世尊告曰：「梵志！如是我所得火，所得不放逸，能滅放逸及貢高慢，我於此火、火亦不能施設有差別也。」

鬱瘦歌邏梵志白曰：「世尊！我已知。善逝！我已解。世尊！我今自歸於佛、法及比丘眾，唯願世尊受我為優婆塞！從今日始，終身自歸，乃至命盡。」

佛說如是，鬱瘦歌邏梵志聞佛所說，歡喜奉行。

鬱瘦歌邏經第九竟三千五百八十五字

（一五一）中阿含梵志品阿攝惒經第十第三念誦

我聞如是：一時，佛遊舍衛國，在勝林給孤獨園。

爾時眾多梵志於拘薩羅，集在學堂，共論此事：梵志種勝，餘者不如；梵志種白，餘者皆黑；梵志得清淨，非梵志不得清淨。梵志梵天子從彼口生，梵梵所化，而沙門瞿曇說四種姓皆悉清淨，施設顯示。彼作是念：「諸賢！為誰有力能至沙門瞿曇所，則以此事如法難詰？」彼復作是念：「阿攝惒邏延多那摩納為父母所舉，受生清淨，乃至七世父母不絕種族，生生無惡，博聞總持，誦過四典經，深達因、緣、正、文、戲五句說。阿攝惒邏延多那摩納有力能至沙門瞿曇所，則以此事如法難詰。諸賢！可共詣阿攝惒邏延多那摩納所，向說此事；隨阿攝惒邏延多那摩納所說，我等當受。」

於是拘薩羅眾多梵志，即詣阿攝惒邏延多那摩納所，共相問訊，却坐一面，語曰：「摩納！我等衆多梵志，於拘薩羅，集在學堂，共論此事：梵志種勝，餘者不如；梵志種白，餘者皆黑；梵志得清淨，非梵志不得清淨。梵志梵天子從彼口生，梵梵所化，而沙門瞿曇說四種姓皆悉清淨，施設顯示。我等作是念：『諸賢！為誰有力能至沙門瞿曇所，則以此事如法難詰？』我等復作是念：『阿攝惒邏延多那摩納為父母所舉，受生清淨，乃至七世父母不絕種族，生生無惡，博聞總持，誦過四典經，深達因、緣、正、文、戲五句說。阿攝惒邏延多那摩納有力能至沙門瞿曇所，則以此事如法難詰。』願阿攝惒邏延多那摩納往詣沙門瞿曇所，則以此事如法難詰。」

阿攝惒邏延多那摩納語諸梵志曰：「諸賢！沙門瞿曇如法說法，

若如◎法說法者，不可難詰也。」

拘薩羅眾多梵志語曰：「摩納！汝未有屈事，未可豫自伏。所以者何？阿攝惒邏延多那摩納為父母所舉，受生清淨，乃至七世父母不絕種族，生生無惡，博聞總持，誦過四典經，深達因、緣、正、文、戲五句說。阿攝惒邏延多那摩納有力能至沙門瞿曇所，則以此事如法難詰。願阿攝惒邏延多那摩納往詣沙門瞿曇所，則以此事如法難詰。」

阿攝惒邏延多那摩納為拘薩羅眾多梵志默然而受。

於是阿攝惒邏延多那摩納與彼拘薩羅眾多梵志，往詣佛所，共相問訊，却坐一面，白曰：「瞿曇！欲有所問，聽我問耶？」

世尊告曰：「摩納！恣汝所問。」

阿攝惒邏延多那便問曰：「瞿曇！諸梵志等作如是說：『梵志種勝，餘者不如；梵志種白，餘者皆黑；梵志得清淨，非梵志不得清淨。梵志梵天子從彼口生，梵梵所化。』未知沙門瞿曇當云何說？」

世尊告曰：「我今問汝，隨所解答。摩納！頗聞餘尼及劍浮國有二種姓：大家及奴，大家作奴，奴作大家耶？」

阿攝惒邏延多那摩納答曰：「瞿曇！我聞餘尼及劍浮國有二種姓：大家及奴，大家作奴，奴作大家也。」

「如是，摩納！梵志若正趣者，彼得善解，自知如法。剎利、居士、工師若正趣者，亦得善解，自知如法。」

阿攝惒邏延多那摩納白曰：「瞿曇！甚奇！甚特！快說此喻，但諸梵志作如是說：『梵志種勝，餘者不如；梵志種白，餘者皆黑；梵志得清淨，非梵志不得清淨。梵志梵天子從彼口生，梵梵所化。』」

世尊問曰：「摩納！於意云何？頗獨有梵志於此虛空不著、不縛、不觸、不礙，剎利、居士、工師為不然耶？」

阿攝惒邏延多那摩納答曰：「瞿曇！梵志於此虛空不著、不縛、不觸、不礙，剎利、居士、工師亦然。」

「如是，摩納！梵志若正趣者，彼得善解，自知如法。剎利、居士、工師若正趣者，亦得善解，自知如法。」

阿攝惒邏延多那摩納白曰：「瞿曇！甚奇！甚特！快說此喻，但諸梵志作如是說：『梵志種勝，餘者不如；梵志種白，餘者皆黑；梵志得清淨，非梵志不得清淨。梵志梵天子從彼口生，梵梵所化。』」

世尊問曰：「摩納！於意云何？頗獨有梵志能行慈心無結、無怨、無恚、無諍，剎利、居士、工師不然耶？」

阿攝惒邏延多那摩納答曰：「瞿曇！梵志能行慈心無結、無怨、無恚、無諍，剎利、居士、工師亦然。」

「如是，摩納！梵志若正趣者，彼得善解，自知如法。剎利、居士、工師若正趣者，亦得善解，自知如法。」

阿攝惒邏延多那摩納白曰：「瞿曇！甚奇！甚特！快說此喻，但諸梵志作如是說：『梵志種勝，餘者不如；梵志種白，餘者皆黑；梵志得清淨，非梵志不得清淨。梵志梵天子從彼口生，梵梵所化。』」

世尊問曰：「摩納！於意云何？若百種人來，或有一人而語彼曰：『汝等共來，若生剎利族、梵志族者，唯彼能持澡豆至水洗浴，去垢極淨。』摩納！於意云何？為剎利族、梵志族者，彼能持澡豆至水洗浴，去垢極淨耶？為居士族、工師族者，彼不能持澡豆至水洗浴，去垢極淨耶？為一切百種人，皆能持澡豆至水洗浴，去垢極淨耶？」

阿攝惒邏延多那摩納答曰：「瞿曇！彼一切百種人，皆能持澡豆至水洗浴，去垢極淨。」

「如是，摩納！梵志若正趣者，彼得善解，自知如法。剎利、居士、工師若正趣者，亦得善解，自知如法。」

阿攝惒邏延多那摩納白曰：「瞿曇！甚奇！甚特！快說此喻，但諸梵志作如是說：『梵志種勝，餘者不如；梵志種白，餘者皆黑；梵志得清淨，非梵志不得清淨。梵志梵天子從彼口生，梵梵所化。』」

世尊問曰：「摩納！於意云何？若百種人來，或有一人而語彼曰：『汝等共來，若生剎利族、梵志族者，唯彼能以極燥娑羅及栴檀木用作火母，以鑽鑽之，生火長養。』摩納！於意云何？為剎利族、梵志族者，彼能以極*燥娑羅及栴檀木用作火母，以鑽鑽之，生火長養耶？為居士族、工師族者，彼當以燥猪狗槽①伊蘭檀木及餘弊木用作火母，以鑽鑽之，生火長養耶？為一切百種人，皆能以若干種木用作火母，以鑽鑽之，生火長養耶？」

阿攝惒邏延多那摩納答曰：「瞿曇！彼一切百種人，皆能以若干種木用作火母，以鑽鑽之，生火長養。」

「如是，摩納！梵志若正趣者，彼得善解，自知如法。剎利、居士、工師若正趣者，亦得善解，自知如法。」

阿攝惒邏延多那摩納白曰：「瞿曇！甚奇！甚特！快說此喻，但諸梵志作如是說：『梵志種勝，餘者不如；梵志種白，餘者皆黑；梵志得清淨，非梵志不得清淨。梵志梵天子從彼口生，梵梵所化。』」

世尊問曰：「摩納！於意云何？若彼百種人，皆以若干種木用作火母，以鑽鑽之，生火長養。彼一切火皆有爓、有色、有熱、有光，皆能作火事。為彼火獨有爓、有色、有熱、有光，能作火事耶？為彼火獨無爓、無色、無熱、無光，不能作火事耶？為彼一切火皆有爓、有色、有熱、有光，皆能作火事耶？」

阿攝惒邏延多那摩納白曰：「瞿曇！若彼百種人，皆以若干種木用作火母，以鑽鑽之，生火長養者，彼一切火皆有熖、有色、有熱、有光，皆能作火事。若彼火獨有熖、有色、有熱、有光，能為火事者，終無是處。若彼火獨無熖、無色、無熱、無光，不能為火事者，亦無是處。瞿曇！但彼一切火皆有熖、有色、有熱、有光，皆能作火事。」

「如是，摩納！梵志若正趣者，彼得善解，自知如法。剎利、居士、工師若正趣者，亦得善解，自知如法。」

阿攝惒邏延多那摩納白曰：「瞿曇！甚奇！甚特！快說此喻，但諸梵志作如是說：『梵志種勝，餘者不如；梵志種白，餘者皆黑；梵志得清淨，非梵志不得清淨。梵志梵天子從彼口生，梵梵所化。』」

世尊告曰：「摩納，若此身隨所生者，即彼之數。若生梵志族者，即梵志族數；若生刹利、居士、工師族者，即工師族數。摩納！猶若如火，隨所生者，即彼之數。若因木生者，即木火數；若因草、糞、薪生者，即薪火數。如是，摩納！此身隨所生者，即彼之數。若生梵志族者，即梵志族數；若生刹利、居士、工師族者，即工師族數。」

世尊問曰：「摩納！於意云何？若刹利女與梵志男共合會者，彼因合會，後便生子，或似父，或似母，或不似父母。汝云何說？彼為刹利？為梵志耶？」

阿攝惒邏延多那摩納答曰：「瞿曇！刹利女與梵志男共合會者，

彼因合會，後便生子，或似父，或似母，或不似父母。我不說彼刹利，亦不說梵志。瞿曇！我但說彼他身。」

「如是，摩納！此身隨所生者，即彼之數。若生梵志族者，即梵志族數；若生刹利、居士、工師族者，即工師族數。」

世尊問曰：「摩納！若梵志女與刹利男共合會者，彼因合會，後便生子，或似父，或似母，或不似父母。汝云何說？彼為梵志？為刹利耶？」

阿攝惒邏延多那摩納答曰：「瞿曇！梵志女與刹利男共合會者，彼因合會，後便生子，或似父，或似母，或不似父母。我不說彼梵志，亦不說刹利。瞿曇！我但說彼他身。」

「如是，摩納！此身隨所生者，既彼之數。若生梵志族者，即梵志族數；若生剎利、居士、工師族者，即工師族數。」

世尊問曰：「摩納！於意云何？若人有眾多草馬，放一父驢，於中一草馬與父驢共合會，彼因合會，後便生駒。汝云何說？彼為驢？為馬耶？」

阿攝惒邏延多那摩納答*曰：「瞿曇！若有馬與驢共合會，彼因合會，後便生駒。我不說彼驢，亦不說馬。瞿曇！我但說彼騾也。」

「如是，摩納！若此身隨所生者，即彼之數。若生梵志族者，即梵志族數；若生剎利、居士、工師族者，即工師族數。」

世尊告曰：「摩納！乃往昔時有眾多仙人，共住無事高處，生如是惡見：梵志種勝，餘者不如；梵志種白，餘者皆黑；梵志得清淨，非梵志不得清淨。梵志梵天子從彼口生，梵梵所化。於是阿私羅仙人提鞞邏，聞衆多仙人共住無事高處，生如是惡見已，著袈裟衣，以袈裟巾裹頭，拄杖持繖，著白衣*屧，不從門入，至仙人住處靜室經行。

「於是共住無事高處有一仙人，見阿私羅仙人提鞞邏著袈裟衣，以袈裟巾裹頭，拄杖持繖，著白衣*屧，不從門入，至仙人住處靜室經行；見已，往詣共住無事高處衆多仙人所，便作是語：『諸賢！今有一人著袈裟衣，以袈裟巾裹頭，拄杖持繖，著白衣*屧，不從門入，至仙人住處靜室經行。我等寧可共往呪之：汝作灰、汝作灰耶？』

「於是共住無事高處衆多仙人，即往詣彼阿私羅仙人提鞞邏所，到已，共呪：『汝作灰！汝作灰！』如其呪法呪之：『汝作灰！汝作灰！』者，如是如是光顏益好，身體悅澤。彼眾多仙人便作是念：『我等本呪：「汝作灰！汝作灰！」者，彼即作灰。我今呪此人：「汝作灰！汝作灰！」我等如其呪法呪此人，此人光顏益好，身體悅澤，我寧可問。』

「即便問之：『汝為是誰？』阿私羅仙人提鞞邏答曰：『諸賢！汝等頗聞有阿私羅仙人提鞞邏耶？』答曰：『聞有阿私羅仙人提鞞邏。』復語曰：『我即是也。』彼眾多仙人即共辭謝阿私羅仙人提鞞邏曰：『願為忍恕！⊙願為忍恕☆！我等不知尊是阿私羅仙人提鞞邏耳！』於是阿私羅仙人提鞞邏語諸仙人曰：『我已相恕。汝等實生惡見：

梵志種勝，餘者不如；梵志種白，餘者皆黑；梵志得清淨，非梵志不得清淨。梵志梵天子從彼口生，梵梵所化。』彼諸仙人答曰：『如是，阿私羅！』

「復問諸仙人曰：『汝等為自知己父耶？』彼諸仙人答曰：『知也，彼梵志取梵志婦，非非梵志。彼父復父，乃至七世父，彼梵志取梵志婦，非非梵志。』阿私羅復問諸仙人曰：『汝等為自知己母耶？』彼諸仙人答曰：『知也，彼梵志取梵志夫，非非梵志。彼母復母，乃至七世母，彼梵志取梵志夫，非非梵志。』阿私羅復問諸仙人曰：『汝等頗自知受胎耶？』彼諸仙人答曰：『知也，以三事等合會受胎：父母合會，無滿堪耐，香陰已至。阿私羅！此事等會，入於母胎。

』阿私羅復問諸仙人曰：『頗知受生為男？為女？知所從來？為從剎利族來？梵志、居士、工師族來耶？為從東方、南方、西方、北方來耶？』彼諸仙人答曰：『不知。』阿私羅復語彼仙人曰：『諸賢不見不知此者，汝等不知受胎，誰從何處來？為男？為女？為從剎利來？梵志、居士、工師來？為從東方、南方、西方、北方來？然作是說：梵志種勝，餘者不如；梵志種白，餘者皆黑；梵志得清淨，非梵志不得清淨。梵志梵天子從彼口生，梵梵所化。』

「摩納！彼住無事高處眾多仙人，為阿私羅仙人提鞞邏如是善教善訶，不能施設清淨梵志，況汝師徒著皮草衣？」

於是阿攝惒邏延多那摩納為世尊面訶詰*責，內懷愁慼，低頭默然，失辯無言。

於是世尊面訶詰*責阿攝惒邏延多那摩納已，復令歡悅，即便告曰：「摩納！有一梵志作齋行施，彼有四兒，二好學問，二不學問。於摩納意云何？彼梵志為先施誰第一座、第一澡水、第一食耶？」

阿攝惒邏延多那摩納答曰：「瞿曇！若彼梵志其有二兒好學問者，必先施彼第一座、第一澡水、第一食也。」

世尊復問曰：「摩納！復有一梵志作齋行施，彼有四兒，二好學問，然不精進，喜行惡法；二不學問，然好精進，喜行妙法。於摩納意云何？彼梵志為先施誰第一座、第一澡水、第一食耶？」

阿攝惒邏延多那摩納答曰：「瞿曇！若彼梵志其有二兒，雖不學問，而好精進，喜行妙法者，必先施彼第一座、第一澡水、第一食也。」

世尊告曰：「摩納！汝先稱歎學問，後稱歎持戒。摩納！我說四種姓皆悉清淨，施設顯示；汝亦說四種姓皆悉清淨，施設顯示。」

於是阿攝惒邏延多那摩納即從坐起，欲稽首佛足。爾時彼大眾唱高大音聲：「沙門瞿曇！甚奇！甚特！有大如意足，有大威德，有大福祐，有大威神。所以者何？如沙門瞿曇說四種姓皆悉清淨，施設顯示，令阿攝惒邏延多那摩納亦說四種姓皆悉清淨。」

爾時世尊知彼大眾心之所念，告曰：「止！止！阿攝惒邏延多那！但心喜足，可還復坐，我當為汝說法。」

阿攝惒邏延多那摩納稽首佛足，却坐一面。世尊為彼說法，勸發渴仰，成就歡喜。無量方便為彼說法，勸發渴仰，成就歡喜已，默*然而住。

於是阿攝惒邏延多那摩納，佛為說法，勸發渴仰，成就歡喜已，即從坐起，稽首佛足，繞三匝而去。

是時拘薩羅衆多梵志還去不遠，種種言語責數阿攝惒邏延多那：「欲何等作？欲伏沙門瞿曇，而反為沙門瞿曇所降伏還。猶如有人，為眼入林中，而反失眼還。阿攝惒邏延多那！汝亦如是，欲伏沙門瞿曇，而反為沙門瞿曇所降伏還。猶如有人，為飲入池，而反渴還。阿攝惒邏延多那！汝亦如是，欲伏沙門瞿曇，而反為沙門瞿曇所降伏還。阿攝惒邏延多那！欲何等作？」

於是阿攝惒邏延多那摩納語拘薩羅衆多梵志曰：「諸賢！我前已說，沙門瞿曇如法說法，若如法說法者，不可難詰也！」

佛說如是，阿攝惒邏延多那摩納聞佛所說，歡喜奉行。

阿攝惒經第十竟四千四百一十三字

中阿含經卷第三十七八千四百二十字

中阿含經梵志品第二一竟二萬五千一百九十八字

中阿含經卷第三十八

東晉罽賓三藏瞿曇僧伽提婆譯

第四一日誦名分別（有三品半合有三十五經）

梵志品第一（有十經）

鸚鵡、鬚閑提，婆羅婆遊堂，
須達、梵波羅，黃蘆園、頭那，
阿伽羅訶那，阿*蘭那、梵摩。

(一五二)中阿含梵志品鸚鵡經第一 *第四分別誦☆

我聞如是：一時，佛遊王舍城，在竹林加蘭哆園。

爾時鸚鵡摩納都題子，少有所為，往至王舍城，寄宿居士家。於是鸚鵡摩納都題子問所寄宿居士曰：「頗有沙門梵志宗主眾師，統領大眾，為人所尊？令我隨時往見奉敬，儻能因此敬奉之時，得歡喜耶！」

居士答曰：「有也，天愛！沙門瞿曇釋種子，捨釋宗族，剃除鬚髮，著袈裟衣，至信捨家無家學道，覺無上正盡覺。天愛！自可隨時往見，詣彼奉敬，或能因此奉敬之時，心得歡喜。」

鸚鵡摩納即復問曰：「沙門瞿曇今在何處？我欲見之。」

居士答曰：「沙門瞿曇在此王舍城竹林加蘭哆園，便可往見。」

於是鸚鵡摩納從所寄宿居士家出，往詣竹林加蘭哆園。鸚鵡摩納遙見世尊在樹林間，端政姝好猶星中月，光耀煒曄晃若金山，相好具足威神巍巍，諸根寂定無有蔽礙，成就調御息心靜默。見已，便前往詣佛所，共相問訊，却坐一面，白曰：「瞿曇！欲有所問，聽乃敢陳。」

世尊告曰：「恣汝所問。」

鸚鵡摩納問曰：「瞿曇！如我所聞：若在家者，便得善解，則知如法；出家學道者，則不然也。我問瞿曇，此事云何？」

世尊告曰：「此事不定。」

鸚鵡摩納白曰：「瞿曇！願今為我分別此事！」

世尊告曰：「摩納！諦聽！善思念之，我當為汝具分別說。」

鸚䳇摩納受教而聽。佛言：「摩納！若有在家及出家學道行邪行者，我不稱彼。所以者何？若有在家及出家學道行邪行者，不得善解，不知如法。是故，摩納！若有在家及出家學道行邪行者，我不稱彼。摩納！若有在家及出家學道行正行者，我稱說彼。所以者何？若有在家及出家學道行正行者，必得善解，則知如法。是故，摩納！若有在家及出家學道行正行者，我稱說彼。摩納！我如是說，說此二法，如是分別，如是顯示。若有沙門、梵志有力堅固深入，一向專著，而說此為真諦，餘者虛妄。」

鸚䳇摩納白曰：「瞿曇！如我所聞：若在家者，便有大利，有大功德，出家學道者，則不然也。我問瞿曇，此事云何？」

世尊告曰：「此事不定。」

鸚鵡摩納白曰：「瞿曇！願復為我分別此事！」

世尊告曰：「摩納！諦聽！善思念之，我當為汝具分別說。」

鸚鵡摩納受教而聽。佛言：「摩納！若在家者，有大災患，有大鬪諍，有大怨憎，行邪行者，不得大果，無大功德。猶如田作，有大災患，有大鬪諍，有大怨憎，行邪行者，不得大果，無大功德。如是，摩納！若在家者，亦復如是。摩納！出家學道，少有災患，少有鬪諍，少有怨憎，行邪行者，不得大果，無大功德。猶如治生，少有災患，少有鬪諍，少有怨憎，行邪行者，不得大果，無大功德。如是，摩納！出家學道，亦復如是。摩納！若在家者，有大災患，有大鬪諍，有大怨憎，行正行者，得大果報，有大功德。猶如田作，有大災患，有大鬪諍，有大怨憎，行正行者，得大果報，有大功德。如是，摩納！若在家者，亦復如是。摩納！出家學道，少有災患，少有鬪諍，少有怨憎，行正行者，得大果報，有大功德。猶如治生，少有災患，少有鬪諍，少有怨憎，行正行者，得大果報，有大功德。如是，摩納！出家學道，亦復如是。摩納！我如是說，說此二法，如是分別，如是顯示。若有沙門、梵志有力堅固深入，一向專著，而說此為真諦，餘者虛妄。」

鸚鵡摩納白曰：「瞿曇！彼諸梵志施設五法，有大果報，有大功德，作福得善。」

世尊告曰：「若諸梵志施設五法，有大果報，有大功德，作福得善。汝在此衆，今可說耶？」

鸚䳇摩納白曰：「瞿曇！我無不可。所以者何？瞿曇！於今現坐此衆。」

世尊告曰：「汝便可說。」

鸚䳇摩納白曰：「瞿曇！善聽！瞿曇！梵志施設第一真諦法，有大果報，有大功德，作福得善；第二誦習，第三熱行，第四苦行。瞿曇！梵志施設第五梵行，有大果報，有大功德，作福得善。」

世尊告曰：「若有梵志施設五法，有大果報，有大功德，作福得善。彼梵志中，頗有一梵志作如是說：我此五法，於現法中，自知自覺自作證已，施設果耶？」

鸚鵡摩納白世尊曰：「無也，瞿曇！」

世尊告曰：「頗有師及祖師，至七世父母，作如是說：我此五法，於現法中，自知自覺自作證已，施設果耶？」

鸚鵡摩納白世尊曰：「無也，瞿曇！」

爾時世尊問曰：「摩納！若昔有梵志，壽終命過，誦持經書，流布經書，誦習典經，一曰夜吒，二曰婆摩，三曰婆摩提婆，四曰毗奢蜜哆羅，五曰夜婆陀揵尼，六曰應疑羅婆，七曰婆私吒，八曰迦葉，九曰婆羅婆，十曰婆惒。謂今諸梵志，即彼具經，誦習持學，彼頗作是說：我此五法，於現法中，自知自覺自作證已，施設果耶？」

鸚鵡摩納白世尊曰：「無也，瞿曇！但諸梵志因信受持。」

世尊告曰：「若於諸梵志，無一梵志而作是說：『我此五法，於現法中，自知自覺自作證已，施設果報。』亦無師及祖師，乃至七世父母，而作是說：『我此五法，於現法中，自知自覺自作證已，施設果報。』若昔有梵志，壽終命過，誦持經書，流布經書，誦習典經，一曰夜吒，二曰婆摩，三曰婆摩提婆，四曰毗奢蜜哆邏，五曰夜婆陀揵尼，六曰應疑羅婆，七曰婆私吒，八曰迦葉，九曰婆羅婆，十曰婆和。謂今諸梵志，即彼具經，誦習持學，彼無作是說：『我此五法，於現法中，自知自覺自作證已，施設果報。』摩納！彼諸梵志不以此故，於信向中無根本耶？」

鸚鵡摩納白曰：「瞿曇！實無根本，但諸梵志聞已受持。」

世尊告曰：「猶衆盲兒各相扶持，彼在前者，不見於後，亦不見中；彼在中者，不見於前，亦不見後；彼在後者，不見於中，亦不見前。摩納！所說諸梵志輩亦復如是。摩納！前說信而後復說聞。」

鸚鵡摩納瞋恚世尊，憎嫉不悅，誹謗世尊，指擿世尊，罵詈世尊：應誹謗瞿曇！應指瞿曇！應墮瞿曇！語世尊曰：「有一梵志，名弗袈裟裟羅，姓直清淨化，彼作是說：『若有沙門、梵志於人上法有知有見，現我得者，我聞是已，便大笑之，意不相可，虛妄不真，亦不如法。云何人生人中自說得人上法？若於人上法言我知我見者，此事不然。』」

於是世尊便作是念：「鸚鵡摩納都題子瞋恚於我，憎嫉不悅，誹謗於我，指擿於我，罵詈於我：應誹謗瞿曇！應指瞿曇！應墮瞿曇！而語我曰：『瞿曇！有梵志名弗袈裟裟羅，姓直清淨化。彼作是說：若有沙門、梵志於人上法有知有見，現我得者，我聞是已，便大笑之，意不相可，虛妄不真，亦不如法。云何人生人中自說得人上法？若於人上法言我知我見者，此事不然。』」

世尊知已，告曰：「摩納！梵志弗袈裟裟羅，姓直清淨化，彼知一切沙門、梵志心之所念，然後作是說：若有沙門、梵志，於人上法有知有見，現我得者，我聞是已，便大笑之，意不相可，虛妄不真，亦不如法。云何人生人中，自說得人上法？若於人上法言我知我見者，此事不然耶？」

鸚鵡摩納答曰：「瞿曇！梵志弗袈裟裟羅，姓直清淨化，自有一婢，名曰不尼，尚不能知心之所念，況復欲知一切沙門、梵志心之所念耶？若使知者，終無是處。」

世尊告曰：「猶人生盲，彼作是說：『無黑白色，亦無見黑白色者；無好惡色，亦無見好惡色；無長短色，亦無見長短色；無近遠色，亦無見近遠色；無麤細色，亦無見麤細色。我初不見不知，是故無色。』彼生盲人作如是說，為真實耶？」

鸚鵡摩納答世尊曰：「不也，瞿曇！所以者何？有黑白色，亦有見黑白色者；有好惡色，亦有見好惡色；有長短色，亦有見長短色；有近遠色，亦有見近遠色；有麤細色，亦有見麤細色。若言：『我初不見不知，是故無色。』彼生盲人作是說者，為不真實。」

「摩納！梵志弗袈裟裟羅，姓直清淨化，彼所說者，非如生盲無目人耶？」

鸚鵡摩納答世尊曰：「如盲，瞿曇！」

世尊告曰：「摩納！於意云何？若昔有梵志，壽終命過，誦持經書，流布經書，誦習典經，調商伽梵志、生聞梵志、弗袈裟裟羅梵志及汝父都題，若彼所說，可不可、有真無真、有高有下耶？」

鸚鵡摩納答世尊曰：「若昔有梵志，壽終命過，誦持經書，流布經書，誦習典經，謂商伽梵志、生聞梵志、弗袈裟裟羅梵志及我父都題，彼所說者，於我意者，欲令可，莫令不可；欲令真，莫令不真；欲令高，莫令下。」

彼時世尊問曰：「摩納！梵志弗袈裟裟羅，姓直清淨化，彼所說者，非為不可，無有可耶？非為不真，無有真耶？非為至下，無有高耶？」

鸚鵡摩納答世尊曰：「實爾，瞿曇！」

「復次，摩納！有五法，作障礙，作覆蓋，作盲無目，能滅智慧，唐*自疲勞，不得涅槃。云何為五？摩納！欲第一法，作障礙，作覆蓋，作盲無目，能滅智慧，唐自疲勞，不得涅槃。摩納！恚、身見、戒取、疑第五法，作障礙，作覆蓋，作盲無目，能滅智慧，唐自疲勞，不得涅槃。摩納！於意云何？為此五法之所障礙、覆蓋、陰纏，彼若欲觀自義、觀他義、觀俱義，及知一切沙門、梵志心之所念者，終無是處。摩納！梵志弗袈裟袈羅，姓直清淨化，為欲所染，欲所穢染，欲觸欲猗，著於欲，入於欲中，不見災患，不知出要，而行於欲。彼為此五法之所障礙、覆蓋、陰纏，彼若欲觀自義、觀他義、觀俱義，及知一切沙門、梵志心之所念者，終無是處。

「復次，摩納！有五欲功德，愛念意樂，彼有愛色欲相應，甚可於樂。云何為五？目知色，耳知聲，鼻知香，舌知味，身知觸。摩納！於意云何？衆生因此五欲功德故，生樂生喜，不復是過耶？」

鸚鵡摩納白世尊曰：「如是，瞿曇！」

世尊問曰：「摩納！於意云何？若因草木而然火，及離草木而然火，何者光焰最上、最妙、最勝耶？」

鸚鵡摩納白曰：「瞿曇！若離草木而然火者，終無是處，唯有如意足力。瞿曇！若離草木而然火者，彼光焰最上、最妙、最勝。」

世尊告曰：「如是！如是！摩納！若離草木而然火者，終無是處，唯有如意足力。若離草木而然火者，彼光焰最上、最妙、最勝。我今假說，摩納！如因草木而然火者，如是衆生所生喜樂，謂因欲、惡不善之法，不得捨樂及於止息。摩納！如離草木而然火者，如是衆生所生捨樂，謂因離欲、從諸善法，而得捨樂及於止息。」

世尊告曰：「摩納！於意云何？有一梵志作齋行施，或從東方有刹利童子來，彼作是說：『我於其中得第一座、第一澡水、第一飲食。』彼於其中不得第一座、第一澡水、第一飲食，便生怨恨而懷憎嫉。或從南方有梵志童子來，彼作是說：『我於其中得淨妙食。』彼於其中不得淨妙食，便生怨恨而懷憎嫉。或從西方有居士童子來，彼作是說：『我於其中得豐饒食。』彼於其中不得豐饒食，便生怨恨而懷憎嫉。或從北方有工師童子來，彼作是說：『我於其中得豐足食。』彼於其中不得豐足食，便生怨恨而懷憎嫉。摩納！彼諸梵志行如是施，施設何等報耶？」

鸚鵡摩納白曰：「瞿曇！梵志不如是心行於布施，使他生怨恨而懷憎嫉。瞿曇！當知梵志以愍傷心而行於施，以愍傷心而行施已，便得大福。」

世尊告曰：「摩納！梵志非為施設第六法，有大果報，有大功德，作福得善耶？」

鸚鵡摩納答世尊曰：「如是，瞿曇！」

世尊問曰：「摩納！若有梵志施設五法，有大果報，有大功德，作福得善，汝見此法多在何處？為在家耶？為出家學道耶？」

鸚鵡摩納答曰：「瞿曇！若有梵志施設五法，有大果報，有大功德，作福得善，我見此法多在出家學道，非在家也。所以者何？在家者多事，多有所作，多有結恨，多有憎諍，彼不能得守護誠諦。瞿曇！出家學道者少事，少有所作，少有結恨，少有憎諍，彼必能得守護誠諦。瞿曇！彼誠諦者，我見多在出家學道，非在家也。所以者何？在家者多事，多有所作，多有結恨，多有憎諍；彼不得行施，不得誦習，不得行苦行，不得行梵行。瞿曇！出家學道者少事，少有所作，少有結恨，少有憎諍；彼得行施，彼得誦習，得行苦行，得行梵行。瞿曇！行梵行者，我見此法多在出家學道，非在家也。」

世尊告曰：「摩納！若有梵志施設五法，有大果報，有大功德，作福得善者，我說是從心起。云何為心？若心無結無怨，無恚無諍，為修彼故。摩納！於意云何？若有比丘守護誠諦者，彼因守護誠諦故，得喜得悅。摩納！若有喜及悅，善善相應，我說是從心起。云何為心？若心無結無怨，無恚無諍，為修彼故。如是彼得行施，彼得誦習，得行苦行，得行梵行。彼因行梵行故，得喜得悅。摩納！若有喜及悅，善善相應，我說是從心起。云何為心？若心無結無怨，無恚無諍，彼心與慈俱，遍滿一方成就遊。如是二三四方、四維上下，普周一切，心與慈俱，無結無怨，無恚無諍，極廣甚大，無量善修，遍滿一切世間成就遊。如是悲、喜，心與捨俱，無結無怨，無恚無諍，極廣甚大，無量善修，遍滿一切世間成就遊。

「摩納！猶如有人善吹於螺，彼若有方未曾聞者，彼於夜半而登高山，極力吹螺，出微妙聲遍滿四方。如是比丘心與慈俱，遍滿一方成就遊。如是二三四方、四維上下，普周一切，心與慈俱，無結無怨，無恚無諍，極廣甚大，無量善修，遍滿一切世間成就遊。如是悲、喜，心與捨俱，無結無怨，無恚無諍，極廣甚大，無量善修，遍滿一切世間成就遊。

「摩納！於意云何？若有求天，要求天上故，便行貪伺相應心：令我作天及餘天。若有求天，要求天上故，便無結無怨，無恚無諍，無量極廣善修，心定意解，遍滿成就遊：令我作天及餘天。汝觀於彼，誰得作天及餘天耶？」

鸚鵡摩納答曰：「瞿曇！若此求天，要求天上故，便無結無怨，無恚無諍，無量極廣善修，心定意解，遍滿成就遊者，我觀於彼，必得作天或餘天也。」

世尊問曰：「摩納！於意云何？若有求梵天，要求梵天上故，便行貪伺相應心：令我作梵天及餘梵天。若有求梵天，要求梵天上故，便無結無怨，無恚無諍，無量極廣善修，心定意解，遍滿成就遊：令我作梵天及餘梵天。汝觀於彼，誰得作梵天及餘梵天耶？」

鸚鵡摩納答曰：「瞿曇！若此求梵天，要求梵天上故，便無結無怨，無恚無諍，無量極廣善修，心定意解，遍滿成就遊者：我觀於彼，得作梵天或餘梵天。」

鸚鵡摩納問曰：「瞿曇！知梵道跡耶？」

世尊告曰：「摩納！我今問汝，隨所解答。摩納！於意云何？那羅歌邏村去此衆不遠耶？」

鸚鵡摩納答曰：「不遠。」

世尊告曰：「摩納！於意云何？汝於此衆告一人曰：『汝往至彼那羅歌邏村，到便即還。』彼受汝教，速疾往至那羅歌邏村，到便即還。彼往返已，汝問道路，謂於那羅歌邏村往返出入事，彼人寧住不能答耶？」

鸚鵡摩納答世尊曰：「不也，瞿曇！」

世尊告曰：「摩納！彼人往返於那羅歌邏村，問道路事，乃可得住而不能答，若問如來、無所著、等正覺梵道跡者，終不暫住而不能答。」

鸚鵡摩納白世尊曰：「沙門瞿曇！無著天祠，此事具足，謂問梵道跡能速答故。世尊！我已知。善逝！我已解。世尊！我今自歸於佛、法及比丘眾，唯願世尊受我為優婆塞！從今日始，終身自歸，乃至命盡。」

佛說如是，鸚鵡摩納聞佛所說，歡喜奉行。

鸚鵡經第一竟四千五百六十一字

(一五三)中阿含梵志品鬚閑提經第二第四分別誦

我聞如是：一時，佛遊拘樓瘦，在婆羅婆第一靜室，坐於草座。

爾時世尊過夜平旦，著衣持鉢，入劍摩瑟曇，次第乞食。食訖，中後還舉衣鉢，澡洗手足，以尼師檀著於肩上，往詣一林，至晝行處。爾時世尊入於彼林，至一樹下，敷尼師檀，結*跏趺坐。

於是鬚閑提異學中後彷徉，往詣婆羅婆第一靜室。鬚閑提異學遙見婆羅婆第一靜室有布草座一脇臥處，似師子臥，似沙門臥，似梵行臥。鬚閑提異學見已，問曰：「婆羅婆第一靜室，誰有此草座一脇臥處，似師子臥，似沙門臥，似梵行臥？」

婆羅婆梵志答曰：「鬚閑提！有沙門瞿曇釋種子，捨釋宗族，剃除鬚髮，著袈裟衣，至信捨家無家學道，覺無上正盡覺；彼第一靜室有此草座一脇臥處，似師子臥，似沙門臥，似梵行臥。」

鬚閑提異學語曰：「婆羅婆！我今不可見見，不可聞聞，謂我見沙門瞿曇臥處。所以者何？彼沙門瞿曇壞敗地，壞敗地者無可用也。」

婆羅婆語曰：「鬚閑提！汝不應以此事罵彼沙門瞿曇。所以者何？彼沙門瞿曇多有慧，剎利慧、梵志慧、居士慧、沙門慧，若說慧者皆得聖智。鬚閑提！我欲以此義向彼沙門瞿曇說，為可爾不？」

鬚閑提語曰：「婆羅婆！若欲說者，則隨汝意，我無所違。婆羅婆！若見沙門瞿曇者，我亦說此義。所以者何？彼沙門瞿曇敗壞地，敗壞地者無可用也。」

爾時世尊在晝行處，以淨天耳出過於人，聞婆羅婆梵志與鬚閑提異學共論此事。世尊聞已，則於晡時從燕坐起，往詣婆羅婆梵志第一靜室，於草座上敷尼師檀，結*跏趺坐。婆羅婆梵志遙見世尊在樹林間，端政姝好猶星中月，光耀煒曄晃若金山，相好具足威神巍巍，諸根寂定無有蔽礙，成就調御息心靜默。見已進前往詣佛所，共相問訊，却坐一面。

世尊問曰：「婆羅婆！與鬚閑提異學共論此草坐處耶？」

婆羅婆梵志答世尊曰：「如是，瞿曇！我亦欲以此事向沙門瞿曇說，然沙門瞿曇⊙我未說已自知。所以者何？以如來、無所著、等正覺故。」

世尊與婆羅婆梵志共論此事，鬚閑提異學於後彷徉，往詣婆羅婆第一靜室。

世尊遙見鬚閑提異學來已，而作是說：「鬚閑提！不調御眼根，不密守護而不修者，必受苦報。彼於沙門瞿曇善自調御，善密守護而善修者，必得樂報。鬚閑提！汝因此故說沙門瞿曇敗壞地，敗壞地者無可用耶？」

鬚閑提異學答世尊曰：「如是，瞿曇！」

「鬚閑提！如是耳、鼻、舌、身根，不調御意根，不密守護而不修者，必受苦報。彼於沙門瞿曇善自調御，善密守護而善修者，必得樂報。鬚閑提！汝因此故，說沙門瞿曇敗壞地，敗*壞地者無可用耶？」

鬚閑提異學答世尊曰：「如是，瞿曇！」

世尊問曰：「鬚閑提！於意云何？若人本未出家學道，彼眼知色，愛念意樂，可欲相應。彼於後時捨眼知色，剃除鬚髮，著袈裟衣，至信捨家無家學道。彼眼知色習、滅、味、患、出要見如真，內息心遊行。彼若見人未離色欲，為色愛所食，為色熱所熱，彼眼知色，愛念意樂，可欲相應；行時見已，不稱彼、不樂彼。鬚閑提！於意云何？若有此樂，因愛因色，樂此樂時，薄賤故不稱彼，薄賤故不樂彼，鬚閑提！寧可於彼有所說耶？」

答世尊曰：「不也，瞿曇！」

「鬚閑提！於意云何？若人本未出家學道，如是耳知聲、鼻知香、舌知味、身知觸，愛念意樂，可欲相應。彼於後時，捨身知觸，剃除鬚髮，著袈裟衣，至信捨家無家學道。彼身知觸習、滅、味、患、出要見如真，內息心遊行。彼若見人未離觸欲，為觸愛所食，為觸熱所熱，彼身知觸，愛念意樂，可欲相應；行時見已，不稱彼、不樂彼。鬚閑提！於意云何？若有見此樂，因愛因觸，樂此樂時，薄賤故不稱彼，薄賤故不樂彼，鬚閑提！寧可於彼有所說耶？」

答世尊曰：「不也，瞿曇！」

世尊問曰：「鬚閑提！於意云何？若人本未出家學道，五欲功德愛念意樂，可欲相應。彼於後時，捨五欲功德，剃除鬚髮，著袈裟衣，至信捨家無家學道。彼五欲功德習、滅、味、患、出要見如真，內息心遊行。彼若見人未離欲，為欲愛所食，為欲熱所熱，五欲功德愛念意樂，可欲相應；行時見已，不稱彼、不樂彼。鬚閑提！於意云何？若有此樂，因欲因欲愛，樂此樂時，薄賤故不稱彼，薄賤故不樂彼，鬚閑提！寧可於彼有所說耶？」

答世尊曰：「不也，瞿曇！」

「鬚閑提！我本未出家學道時，得五欲功德，易不難得，愛念意樂，可欲相應。我於後時，捨五欲功德，剃除鬚髮，著袈裟衣，至信捨家無家學道。彼五欲功德習、滅、味、患、出要見如真，內息心遊行。我見人未離欲，為欲愛所食，為欲熱所熱，五欲功德愛念意樂，可欲相應；行時見已，我不稱彼，我不樂彼。鬚閑提！於意云何？若有此樂，因欲因欲愛，樂此樂時，薄賤故我不稱彼，薄賤故我不樂彼，鬚閑提！寧可於我有所說耶？」

答世尊曰：「不也，瞿曇！」

世尊告曰：「鬚閑提！猶如居士、居士子極大富樂，資財無量，多諸畜牧、封戶、食邑，諸生活具種種豐饒；彼得五欲，易不難得。彼成就身妙行、口意妙行，臨死之時，不樂捨五欲功德；身壞命終，後昇善處，得生天上，具足行五欲功德。鬚閑提！此天及天子寧當捨天五欲功德，樂人間欲、歡喜念耶？」

答世尊曰：「不也，瞿曇！所以者何？人間欲者，臭處不淨，意甚穢惡而不可向，憎諍極苦。瞿曇！於人間欲，天欲最上、最妙、最勝。若彼天及天子捨於天上五欲功德，樂人間欲、歡喜念者，終無是處。」

「如是，鬚閑提！我斷人間欲，度於天欲，剃除鬚髮，著袈裟衣，至信捨家無家學道。彼五欲功德習、滅、味、患、出要見如真，內息心遊行。我見人未離欲，為欲愛所食，為欲熱所熱，五欲功德愛念意樂，可欲相應；行時見已，我不稱彼，我不樂彼。鬚閑提！於意云何？若有此樂，因欲因欲愛，樂此樂時，薄賤故我不稱彼，薄賤故我不樂彼，鬚閑提！寧可於我有所說耶？」

答世尊曰：「不也，瞿曇！」

世尊告曰：「鬚閑提！猶人病癩身體爛熟，為蟲所食，爪擿瘡開，臨火坑炙。鬚閑提！於意云何？若病癩人身體爛熟，為蟲所食，爪擿瘡開，臨火坑炙；如是寧得除病有力，不壞諸根，為脫癩病，身體完健，平復如故，還本所耶？」

答世尊曰：「不也，瞿曇！所以者何？若病癩人身體爛熟，為蟲所食，爪擿瘡開，臨火坑炙；如是更生，瘡轉增多，本瘡轉大，然彼反以癩瘡為樂。」

「鬚閑提！如病癩人身體爛熟，為蟲所食，爪擿瘡開，臨火坑炙；如是更生，瘡轉增多，本瘡轉大，然彼反以癩瘡為樂。鬚閑提！如是眾生未離欲，為欲愛所食，為欲熱所熱，而行於欲。鬚閑提！如是眾生未離欲，為欲愛所食，為欲熱所熱，而行於欲；如是欲轉增多，欲愛轉廣，然彼反以欲愛為樂。彼若不斷欲，不離欲愛，內息心已行當行，今行者終無是處。所以者何？此非道理，斷欲、離欲愛，調行於欲。」

世尊告曰：「鬚閑提！猶王及大臣，得五所欲，易不難得。彼若不斷欲，不離欲愛，內息心已行當行，今行者終無是處。所以者何？此非道理，斷欲、離欲愛，調行於欲。如是，鬚閑提！眾生未離欲，為欲愛所食，為欲熱所熱，而行於欲。鬚閑提！若眾生未離欲，為欲愛所食，為欲熱所熱，而行欲者；如是欲轉增多，欲愛轉廣，然彼反以欲愛為樂。彼若不斷欲，不離欲愛，內息心已行當行，今行者終無是處。所以者何？此非道理，斷欲、離欲愛，調行於欲。

「鬚閑提！猶病癩人身體爛熟，為蟲所食，爪擿瘡開，臨火坑炙。有人為彼憐念愍傷，求利及饒益，求安隱快樂，與如其像好藥；與如其像好藥已，除病得力，不壞諸根，已脫癩病，身體完健，平復如故，更還本所。彼若見人有癩病者，身體爛熟，為蟲所食，以爪擿瘡開，臨火坑炙。鬚閑提！彼人見已，寧復意樂稱譽喜耶？」

答世尊曰：「不也，瞿曇！所以者何？有病須藥，無病不須。」

「鬚閑提！於意云何？若彼癩人除病得力，不壞諸根，已脫癩病，身體完健，平復如故，更還本所。有二力士，強捉彼人臨火坑炙，彼於其中慞惶迴避，身生重熱。鬚閑提！於意云何？此火坑者，於今更熱，大苦可患，甚於本耶？」

答世尊曰：「不也，瞿曇！其本病癩身體爛熟，為蟲所食，爪適瘡開，臨火坑炙；彼於苦大樂更樂想，其心迷亂，有顛倒想。瞿曇！彼人於今除病得力，不壞諸根，已脫癩病，身體完健，平復如故，更還本所；彼於苦大苦更樂想，其心泰然，無顛倒想。」

「鬚閑提！如病癩人身體爛熟，為蟲所食，爪擿瘡開，臨火坑炙；彼於苦大樂更樂想，其心迷亂，有顛倒想。如是，鬚閑提！衆生不離欲，為欲愛所食，為欲熱所熱，而行於欲；彼於苦欲有樂欲想，其心迷亂，有顛倒想。鬚閑提！猶如彼人除病得力，不壞諸根，已脫癩病，身體完健，平復如故，更還本所；彼於苦大苦更樂想，其心泰然，無顛倒想。如是，鬚閑提！我於苦欲有苦欲想，得如真實，無顛倒想。所以者何？鬚閑提！過去時欲不淨臭處，意甚穢惡而不可向，憎諍苦更觸；未來、現在欲亦不淨臭處，意甚穢惡而不可向，憎諍苦更觸。鬚閑提！如來、無所著、等正覺說無病第一利，涅槃第一樂。」

鬚閑提異學白世尊曰：「瞿曇！我亦曾從耆舊、尊德、長老、久學梵行所，聞無病第一利，涅槃第一樂。」

世尊問曰：「鬚閑提！若汝曾從耆舊、尊德、長老、久學梵行所，聞無病第一利，涅槃第一樂。鬚閑提！何者無病？何者涅槃耶？」

於是鬚閑提異學身即是病、是癰、是箭、是蛇、是無常、是苦、是空、是非神，以兩手抆摸而作是說：「瞿曇！此是無病，此是涅槃。」

世尊語曰：「鬚閑提！猶如生盲，從有目人聞其所說：『白淨無垢！白淨無垢！』彼聞此已，便求白淨。有諂誑人而不為彼求利及饒益、求安隱快樂，則以垢膩不淨之衣，持往語曰：『汝當知之！此是白淨無垢之衣，汝以兩手敬受被身。』彼盲子喜，即以兩手敬受被身而作是說：『白淨無垢！白淨無垢！』鬚閑提！彼人為自知說？為不知說？為自見說？為不見說？」

鬚閑提異學答曰：「瞿曇！如是說者，實不知見。」

世尊語曰：「如是，鬚閑提！如盲無目，身即是病、是癰、是箭、是蛇、是無常、是苦、是空、是非神，以兩手抆摸而作是說：『瞿曇！此是無病，此是涅槃。』鬚閑提！汝尚不識於無病，何況知見於涅槃耶？言知見者，終無是處。鬚閑提！如來、無所著、等正覺說：

無病第一利，　涅槃第一樂，
諸道八正道，　住安隱甘露。」

彼衆多人並共聞之，衆多異學聞此偈已，展轉相傳，不能知義。彼既聞已，而欲求教。彼並愚癡，還相欺誑。彼自現身四大之種，從父母生，飲食所長，常覆按摩、澡浴、強忍、破壞、磨滅、離散之法，然見神受神，緣受則有，緣有則生，緣生則老死，緣老死則愁慼啼哭、憂苦懊惱，如是此生純大苦陰。於是鬚閑提異學即從坐起，偏袒著衣，叉手向佛，白曰：「瞿曇！我今極信沙門瞿曇，唯願瞿曇善為說法，令我得知此是無病、此是涅槃。」

世尊告曰：「鬚閑提！若汝聖慧眼未淨者，我為汝說無病、涅槃，終不能知，唐煩勞我。鬚閑提！猶生盲人，因他往語：『汝當知之！此是青色、黃赤白色。』鬚閑提！彼生盲人頗因他說，知是青色、黃赤白色耶？」

答世尊曰：「不也，瞿曇！」

「如是，鬚閑提！若汝聖慧眼未淨者，我為汝說無病、涅槃，終不能知，唐煩勞我。鬚閑提！我為汝說如其像妙藥，令未淨聖慧眼而得清淨。鬚閑提！若汝聖慧眼得清淨者，汝便自知此是無病、此是涅槃。鬚閑提！猶生盲人有諸親親為彼慈愍，求利及饒益，求安隱快樂故，為求眼醫。彼眼醫者與種種治，或吐或下，或灌於鼻，或復灌下，或刺其脉，或令淚出。鬚閑提！儻有此處，得淨兩眼。鬚閑提！若彼兩眼得清淨者，則便自見此是青色、黃赤白色。見彼垢膩不淨之衣，便作是念：『彼即怨家，長夜則以垢膩之衣欺誑於我。』便有憎心。鬚閑提！此人儻能殺害於彼。如是，鬚閑提！我為汝說如其像妙藥，令未淨聖慧眼而得清淨。鬚閑提！若汝聖慧眼得淨者，汝便自知此是無病、此是涅槃。

「鬚閑提！有四種法，未淨聖慧眼而得清淨。云何為四？親近善知識恭敬承事，聞善法，善思惟，趣向法次法。鬚閑提！汝當如是學，親近善知識恭敬承事，聞善法，善思惟，趣向法次法。鬚閑提！當學如是。鬚閑提！汝親近善知識恭敬承事已，便聞善法；聞善法已，便善思惟；善思惟已，便趣向法次法；趣向法次法已，便知此苦如真，知此苦習、知此苦滅、知此苦滅道如真。云何知苦如真？謂生苦、老苦、病苦、死苦、怨憎會苦、愛別離苦、所求不得苦、略五盛陰苦，如是知苦如真。云何知苦習如真？謂此愛當受未來有，與喜欲俱，願彼彼有，如是知苦習如真。云何知苦滅如真？謂此愛當受未來有，與喜欲俱，願彼彼有，滅、無餘、斷、捨、吐、盡、無欲、沒、息止，如是知苦滅如真。云何知苦滅道如真？謂八支聖道：正見乃至正定，是謂為八，如是知苦滅道如真。」

說此法已，鬚閑提異學遠塵離垢，諸法法眼生。於是鬚閑提異學見法得法，覺白淨法，斷疑度惑，更無餘尊，不復從他，無有猶豫，已住果證，於世尊法得無所畏，即從座起，稽首佛足，白曰：「世尊！願令我得出家學道，受具足，得比丘。」

世尊告曰：「善來比丘！修行梵行。」

鬚閑提異學即是出家學道，受具足，得比丘。鬚閑提出家學道，受具足知法已，至得阿羅訶。

佛說如是，尊者鬚閑提聞佛所說，歡喜奉行。

鬚閑提經第二竟（四千一百二十一字）

中阿含經卷第三十八（八千六百六十二字）

中阿含經卷第三十九

東晉罽賓三藏瞿曇僧伽提婆譯

(一五四)梵志品婆羅婆堂經第三 第四分別誦

我聞如是：一時，佛遊舍衛國，在東園鹿子母堂。

爾時有二人婆私吒及婆羅婆梵志族，剃除鬚髮，著袈裟衣，至信捨家無家學道。諸梵志見已，極訶責數甚急至苦，而語之曰：「梵志種勝，餘者不如；梵志種白，餘者皆黑；梵志得清淨，非梵志不得清淨。梵志梵天子從彼口生，梵梵所化。汝等捨勝從不如，捨白從黑。彼禿沙門為黑所縛，斷種無子。是故汝等所作大惡，極犯大過。」

爾時世尊則於晡時從燕坐起，堂上來下，於堂影中露地經行，為諸比丘說甚深微妙法。尊者婆私吒遙見世尊則於晡時從燕坐起，堂上來下，於堂影中露地經行，為諸比丘說甚深微妙法。尊者婆私吒見已，語曰：「賢者婆羅婆！當知世尊則於晡時從燕坐起，堂上來下，於堂影中露地經行，為諸比丘說甚深微妙法。賢者婆羅婆！可共詣佛，或能因此從佛聞法。」

於是婆私吒及婆羅婆即詣佛所，稽首作禮，從後經行。世尊迴顧，告彼二人：「婆私吒！汝等二梵志捨梵志族，剃除鬚髮，著袈裟衣，至信捨家無家*學道。諸梵志見已，不大責數耶？」

彼即答曰：「唯然，世尊！諸梵志見已，極訶責數甚急至苦。」

世尊問曰：「婆私吒！諸梵志見已，云何極訶責數甚急至苦耶？」

答曰：「世尊！諸梵志見我等已，而作是說：『梵志種勝，餘者不如；梵志種白，餘者皆黑；梵志得清淨，非梵志不得清淨。梵志梵天子從彼口生，梵梵所化。汝等捨勝從不如，捨白從黑。彼禿沙門為黑所縛，斷種無子。是故汝等所作大惡，極犯大過。』世尊！諸梵志見我等已，如是極訶責數甚急至苦。」

世尊告曰：「婆私吒！彼諸梵志所說至惡，極自無賴。所以者何？謂彼愚癡，不善曉解，不識良田，不能自知，作如是說：『我等梵志是梵天子從彼口生，梵梵所化。』所以者何？婆私吒！我此無上明行作證，不說生勝，不說種姓，不說憍慢，彼可我意，不可我意，因坐因水，所學經書。婆私吒！若有婚姻者，彼應說生，應說種姓，應說憍慢，彼可我意，不可我意，因坐因水，所學經書。婆私吒！若有計生、計姓、計慢者，彼極遠離於我無上明行作證。婆私吒！說生，說姓，說慢，彼可我意，不可我意，因坐因水，所學經書者，於我無上明行作證別。

「復次，婆私吒！謂有三種，令非一切人人共諍雜善不善法，彼則為聖所稱不稱。云何為三？剎利種、梵志種、居士種。婆私吒！於意云何？剎利殺生、不與取、行邪婬、妄言乃至邪見，居士亦然，非梵志耶？」

答曰：「世尊！剎利亦可殺生、不與取、行邪婬、妄言乃至邪見，梵志、居士亦復如是。」

世尊問曰：「婆私吒！於意云何？梵志離殺，斷殺、不與取、行邪婬、妄言乃至離邪見，得正見；剎利、居士為不然耶？」

答曰：「世尊！梵志亦可離殺，斷殺、不與取、行邪婬、妄言乃至離邪見，得正見；剎利、居士亦復如是。」

世尊問曰：「婆私吒！於意云何？若有無量惡不善法，是剎利、居士所行，非梵志耶？若有無量善法，是梵志所行，非剎利、居士耶？」

答曰：「世尊！若有無量惡不善法，彼剎利、居士亦可行，梵志亦復如是。若有無量善法，彼梵志亦可行，剎利、居士亦復如是。」

「婆私吒！若有無量惡不善法，一向剎利、居士行，非梵志者；若有無量善法，一向梵志行，非剎利、居士者。彼諸梵志可作是說：『我等梵志是梵天子從彼口生，梵梵所化。』所以者何？婆私吒！見梵志女始婚姻時，婚姻已後，見懷妊身時；懷妊身已後，見產生時，或童男或童女。婆私吒！如是，諸梵志亦如世法，隨產道生，然彼妄言*誣謗梵天而作是說：『我等梵志是梵天子從彼口生，梵梵所化。』

「婆私吒！若族姓子若干種姓、若干種名，捨若干族，剃除鬚髮，著袈裟衣，至信捨家無家從我學道，應作是說：『我等梵志是梵天子從彼口生，梵梵所化。』所以者何？婆私吒！彼族姓子入我正法律中，受我正法律，得至彼岸，斷疑度惑，無有猶豫，於世尊法得無所畏，是故彼應作是說：『我等梵志是梵天子從彼口生，梵梵所化。』婆私吒！彼梵天者，是說如來、無所著、等正覺。梵是如來，冷是如來，無煩無熱，不離如者，是如來也。

「婆私吒！於意云何？諸釋下意愛敬至重，供養奉事於波斯匿拘娑羅王耶？」

彼則答曰：「如是，世尊！」

世尊問曰：「婆私吒！於意云何？若諸釋下意愛敬至重，供養奉事於波斯匿拘娑羅王，如是，波斯匿拘娑羅王則於我身下意愛敬至重，供養奉事我耶？」

答世尊曰：「諸釋下意愛敬至重，供養奉事於波斯匿拘娑羅王者，此無奇特。若波斯匿拘娑羅王下意愛敬至重，供養奉事於世尊者，此甚奇特！」

世尊告曰：「婆私吒！波斯匿拘娑羅王不如是意，而於我身下意愛敬至重，供養奉事於我：沙門瞿曇種族極高，我種族下；沙門瞿曇財寶甚多，我財寶少；沙門瞿曇形色至妙，我色不妙；沙門瞿曇有大威神，我威神小；沙門瞿曇有善智慧，我有惡智。婆私吒！但波斯匿拘娑羅王愛敬於法，至重供養為奉事故，而於我身下意愛敬至重，供養奉事於我。」

爾時世尊告比丘曰：「婆私吒！有時此世皆悉敗壞，此世壞時，若有眾生生晃昱天。彼於其中妙色意生，一切支節諸根具足，以喜為食，自身光明昇於虛空，淨色久住。婆私吒！有時此大地滿其中水，彼大水上以風吹攪，結搆為精，合聚和合，猶如熟酪，以抨抨乳，結搆為精，合聚和合。如是，婆私吒！有時此大地滿其中水，彼大水上以風吹攪，結搆為精，合聚和合，從是生地味，有色、香、味。云何為色？猶如生酥及熟酥色。云何為味？如蜜丸味。

「婆私吒！有時此世還復成時，若有眾生生晃昱天，壽盡、業盡、福盡命終，生此為人。生此間已，妙色意生，一切支節諸根具足，以喜為食，自身光明昇於虛空，淨色久住。婆私吒！爾時世中無有日月，亦無星宿，無有晝夜，無月、半月，無時無歲。婆私吒！當爾之時，無父無母，無男無女，又無大家，復無奴婢，唯等衆生。於是有一衆生貪餮不廉，便作是念：『云何地味？我寧可以指抄此地味嘗。』彼時衆生便以指抄此地味嘗。如是衆生既知地味，復欲得食。彼時衆生復作是念：『何故以指食此地味，用自疲勞？我今寧可以手撮此地味食之。』彼時衆生便以手撮此地味食。於彼衆生中復有衆生，見彼衆生各以手撮此地味食，便作是念：『此實為善！此實為快！我等寧可亦以手撮此地味食。』時彼衆生即以手撮此地味食。

「若彼衆生以手撮此地味食已，如是如是身生轉厚、轉重、轉堅；若彼本時有清淨色，於是便滅，自然生闇。婆私吒！世間之法，自然有是。若生闇者，必生日月；生日月已，便生星宿；生星宿已，便成晝夜；成晝夜已，便有月、半月，有時、有歲。彼食地味，住世久遠。婆私吒！若有衆生食地味多者，便生惡色；食地味少者，便有妙色。從是知色有勝有如。因色勝如故，衆生衆生共相輕慢言：『我色勝，汝色不如。』因色勝如而生輕慢及惡法故，地味便滅。地味滅已，彼衆生等便共聚集，極悲啼泣而作是語：『奈何地味！奈何地味！』猶如今人含消美物，不說本字，雖受持而不知義，此說觀義亦復如是。

「婆私吒！地味滅後，彼衆生生地肥，有色、香、味，云何為色？猶如生酥及熟酥色。云何為味？如蜜丸味。彼食此地肥，住世久遠。婆私吒！若有衆生食地肥多者，便生惡色；食地肥少者，便有妙色。從是知色有勝有如。因色勝如故，衆生衆生共相輕慢言：『我色勝，汝色不如。』因色勝如而生輕慢及惡法故，地肥便滅。地肥滅已，彼衆生等便共聚集，極悲啼泣而作是語：『奈何地肥！奈何地肥！』猶如今人為他所*責，不說本字，雖受持而不知義，此說觀義亦復如是。

「婆私吒！地肥滅後，彼衆生生婆羅，有色、香、味。云何為色？猶*如曇華色。云何為味？如淳蜜丸味。彼食此婆羅，住世久遠。婆私吒！若有衆生食婆羅多者，便生惡色；食婆羅少者，便有妙色。從是知色有勝有如。因色勝如故，衆生衆生共相輕慢言：『我色勝，汝色不如。』因色勝如而生輕慢及惡法故，婆羅便滅。婆羅滅已，彼眾生等便共聚集，極悲啼泣而作是語：『奈何婆羅！奈何婆羅！』猶如今人苦法所觸，不說本字，雖受持而不知義，此說觀義亦復如是。

「婆私吒！婆羅滅後，彼眾生生自然粳米，白淨無皮，亦無有麵，藁長四寸，朝刈暮生，暮刈朝生，熟有鹽味，無有生氣，眾生食此自然粳米。如彼眾生食此自然粳米已，彼眾生等便生若干形，或有眾生而生男形，或有眾生而生女形。若彼眾生生男女形者，彼相見已，便作是語：『惡眾生生！惡眾生生！』

「婆私吒！惡眾生生者，謂說婦人也。若彼眾生生於男形及女形者，彼眾生等則更相伺；更相伺已，眼更相視；更相視已，則更相染；更相染已，便有煩熱；有煩熱已，便相愛著；相愛著已，便行於欲。若見行欲時，便以木石，或以杖塊而打擲之，便作是語：『咄！弊惡衆生作非法事。』云何衆生共作是耶？猶如今人迎新婦時，則以樸華散，或以華鬘垂，作如是言：『新婦安隱！新婦安隱！』本所可憎，今所可愛。婆私吒！若有衆生惡不淨法，憎惡羞恥，懷慚愧者，彼便離衆一日、二日至六、七日，半月、一月乃至一歲。婆私吒！若有衆生欲得行此不淨行者，彼便作家而作是說：『此中作惡！此中作惡！』婆私吒！是謂初因初緣世中起家法，舊第一智，如法非不如法，如法人尊。

「於中有一[1]懶惰衆生，便作是念：『我今何為日日常取自然粳米？我寧可并取一日食直耶？』彼便并取一日食米。於是有一衆生語彼衆生曰：『衆生！汝來共行取米耶？』彼則答曰：『我已并取，汝自取去。』彼衆生聞已，便作是念：『此實為善！此實為快！我亦寧可并取明日所食米耶？』彼便并取明日米來。復有一衆生語彼衆生曰：『衆生！汝來共行取米耶？』彼則答曰：『我已并取明日米來，汝自取去。』彼衆生聞已，便作是念：『此實為善！此實為快！我今寧可并取七日食米來耶？』時彼衆生即便并取七日米來。如彼衆生自然粳米極取積聚，彼宿粳米便生皮䴬，刈至七日亦生皮䴬，隨所刈處即不復生。

「於是彼衆生便共聚集，極悲啼泣，作如是語：『我等生惡不善之法，謂我曹等儲畜宿米。所以者何？我等本有妙色意生，一切支節諸根具足，以喜為食，自身光明昇於虛空，淨色久住。我等生地味，有色、香、味。云何為色？猶如生酥及熟酥色。云何為味？如蜜丸味。我等食地味，住世久遠。我等若食地味多者，便生惡色；食地味少者，*便有妙色。從是知色有勝有如。因色勝如故，我等各各共相輕慢言：「我色勝，汝色不如。」因色勝如而生輕慢及惡法故，地味便滅。地味滅後，我等生地肥，有色、香、味。云何為色？猶如生酥及熟酥色。云何為味？如蜜丸味。我等食地肥，住世久遠。我等若食地肥多者，便生惡色；食地肥少者，便有妙色。從是知色有勝有如。因色勝如故，我等各各共相輕慢言：「我色勝，汝色不如。」因色勝如而生輕慢及惡法故，地肥便滅。地肥滅後，我等生婆羅，有色、香、味。云何為色？猶加曇華色。云何為味？如淖蜜丸味。我等食婆羅，住世久遠。我等若食婆羅多者，便生惡色；食婆羅少者，便有妙色。從是知色有勝有如。因色勝如故，我等各各共相輕慢言：「我色勝，汝色不如。」因色勝如而生輕慢及惡法故，婆羅便滅。婆羅滅後，我等生自然粳米，白淨無皮，亦無有䴬，稾長四寸，朝刈暮生，暮刈朝生，熟有鹽味，無有生氣。我等食彼自然粳米，如我等自然粳米極取積聚，彼宿粳米便生皮䴬，刈至七日亦生皮䴬，隨所刈處即不復生。我等寧可造作田種，立標牓耶？』

「於是衆生等造作田種，竪立標牓。於中有一衆生自有稻穀，而入他田竊取他稻。其主見已，便作是語：『咄！咄！弊惡衆生，云何作是？汝自有稻，而入他田竊取他稻。汝今可去，後莫復作！』然彼眾生復至再三竊取他稻，其主亦至再三見已，便以拳扠牽詣眾所，語彼眾曰：『此一眾生自有稻穀，而入我田竊取我稻。』然彼一眾生亦語眾曰：『此一眾生以拳扠我，牽來詣眾。』

「於是彼諸眾生共聚集*會，極悲啼泣而作是語：『我等生惡不善之法，謂守田也。所以者何？因守田故，便共諍訟，有失有盡，有相道說，有拳相扠。我等寧可於其眾中舉一端正、形色極妙最第一者，立為田主。若可訶者，當令彼訶；若可擯者，當令彼擯。若我曹等所得稻穀，當以如法輸送與彼。』於是彼眾生中若有端正、形色極妙最第一者，眾便共舉立為田主。若可訶者，彼便訶*責；若可擯者，彼便擯棄。若有稻者，便以如法輸送與彼是田主，是田主謂之剎利也。令如法樂眾生，守護行戒是王，是王謂之王也。婆私吒！是謂初因初緣世中剎利種，舊第一智，如法非不如法，如法人尊。

「於是彼異眾生以守為病，以守為癰，以守為箭*刺；便棄捨守，依於無事，作草葉屋而學禪也。彼從無事，朝朝平旦入村邑王城而行乞食。彼多眾生見，便施與、恭敬、尊重，而作是語：『此異眾生以守為病，以守為癰，以守為箭刺；便棄捨守，依於無事，作草葉屋而學禪也。此諸尊捨害惡不善法是梵志，是梵志謂之梵志也。』

「彼眾生學禪不得禪，學苦行不得苦行，學遠離不得遠離，學一心不得一心，學精進不得精進；便捨無事，還村邑王城，作四柱屋，造立經書。彼多衆生見如是已，便不復施與、恭敬、尊重，而作是語：『此異衆生本以守為病，以守為癰，以守為箭刺，便棄捨守，依於無事，作草葉屋。而學於禪不能得禪，學苦行不得苦行，學遠離不得遠離，學一心不得一心，學精進不得精進，便捨無事，還村邑王城，作四柱屋，造立經書。此諸尊等更學博聞，不復學禪是博聞，是博聞謂之博聞。』婆私吒！是謂初因初緣世中有梵志種，舊第一智，如法非不如法，如法人尊。

「於是彼異衆生各各詣諸方而作田業。是各各諸方而作田業，是各各諸方而作田業謂之鞞舍。婆私吒！是謂初因初緣世中有鞞舍種，舊第一智，如法非不如法，如法人尊。

「婆私吒！世中起此三種姓已，便知有第四沙門種也。云何世中有此三種姓已，便知有第四沙門種耶？於剎利族族姓之子，能自訶*責惡不善法，自厭憎惡惡不善法，剃除鬚髮，著袈裟衣，至信捨家無家學道，而作是念：『我當作沙門，行於梵行。』便作沙門，行於梵行。如是梵志種族、鞞舍種族族姓之子，亦自訶*責惡不善法，自厭憎惡惡不善法，剃除鬚髮，著袈裟衣，至信捨家無家學道，亦作是念：『我當作沙門，行於梵行。』便作沙門，行於梵行。婆私吒！如是世中起此三種姓已，便知有第四沙門種也。

「婆私吒！我今廣說此三種姓。云何廣有此三種耶？剎利種族族姓之子，身行不善法，口、意行不善法，彼身壞命終，一向受苦。如是梵志種族、鞞舍種族族姓之子，身行不善法，口、意行不善法；彼身壞命終，一向受苦。婆私吒！刹利種族族姓之子，身行善法，口、意行善法；彼身壞命終，一向受樂。如是梵志種族、鞞舍種族族姓之子，身行善法，口、意行善法；彼身壞命終，一向受樂。婆私吒！刹利種族族姓之子，身行二行及與護行，口、意行二行及與護行；彼身壞命終，受於苦樂。如是梵志種族、鞞舍種族族姓之子，身行二行及與護行，口、意行二行及與護行；彼身壞命終，受於苦樂。

「婆私吒！刹利種族族姓之子，修七覺法，善思善觀；彼如是知、如是見，欲漏心解脫，有漏、無明漏心解脫，解脫已便知解脫：生已盡，梵行已立，所作已辦，不更受有，知如真。如是，梵志種族、鞞舍種族族姓之子，修七覺法，善思善觀；彼如是知、如是見，欲漏心解脫，有漏、無明漏心解脫，解脫已便知解脫：生已盡，梵行已立，所作已辦，不更受有，知如真。婆私吒！如是，此三種廣分別也。

「梵天帝主說此偈曰：

剎利二足尊，　謂有種族姓，　求學明及行，　彼為天人稱。

「婆私吒！梵天帝主善說此偈，非不善也；善歌諷誦，非不善也；善詠語言，非不善也。謂如是說：

剎利二足尊，　謂有種族姓，　求學明及行，　彼為天人稱。

「所以者何？我亦如是說：

剎利二足尊，　謂有種族姓，　求學明及行，　彼為天人稱。」

佛說如是，尊者婆私吒、婆羅婆等及諸比丘聞佛所說，歡喜奉行。

婆羅婆堂經第三竟五千六十八字

(一五五)中阿含梵志品須達哆經第四第四分別誦

我聞如是：一時，佛遊舍衞國，在勝林給孤獨園。

爾時須達哆居士往詣佛所，稽首作禮，却坐一面。世尊問曰：「居士家頗行施耶？」

須達哆居士答曰：「唯然，世尊！家行布施，但為至麤，不能好也，糠飯、麻羹、薑菜一片。」

世尊告曰：「居士！若施麤食及施妙食，俱得報耳。

「居士！若行麤施，不信施、不故施、不自手施、不自往施、不思惟施、不由信施、不觀業果報施者，當觀如是受報心：不欲得好家，不欲得好乘，不欲得好衣被，不欲得好飲食，不欲得好五欲功德。所以者何？以不至心故行施也。居士！當知受報如是。居士！若行麤施，信施、故施、自手施、自往施、思惟施、由信施、觀業果報施者，當觀如是受報心：欲得好家，欲得好乘，欲得好衣被，欲得好飲食，欲得好五欲功德。所以者何？以其至心故行施也。居士！當知受報如是。

「居士！若行妙施，不信施、不故施、不自手施、不自往施、不思惟施、不由信施、不觀業果報施者，當觀如是受報心：不欲得好家，不欲得好乘，不欲得好衣被，不欲得好飲食，不欲得好五欲功德。所以者何？以不至心故行施也。居士！當知受報如是。居士！若行妙施，信施、故施、自手施、自往施、思惟施、由信施，觀業果報施者，當觀如是受報心：欲得好家，欲得好乘，欲得好衣被，欲得好飲食，欲得好五欲功德。所以者何？以其至心故行施也。居士！當知受報如是。

「居士！昔過去時有梵志大長者，名曰隨藍，極大富樂資財無量，封戶食邑多諸珍寶，畜牧產業不可稱計。彼行布施其像如是：八萬四千金鉢盛滿碎銀，行如是大施；八萬四千銀鉢盛滿碎金，行如是大施；八萬四千金鉢盛滿碎金，行如是大施；八萬四千銀鉢盛滿碎銀，行如是大施；八萬四千象，莊*校嚴飾，白絡覆上，行如是大施；八萬四千馬，莊*校嚴☆飾，白絡金合霏那，行如是大施；八萬四千牛，衣繩衣覆，犛之皆得一斛乳汁，行如是大施；八萬四千女，姿容端正，覩者歡悅，衆寶瓔珞嚴飾具足，行如是大施。況復其餘食噉含消？

「居士！若梵志隨藍行如是大施；若復有施滿閻浮場凡夫食者，此於彼施為最勝也。居士！若梵志隨藍行如是大施，及施滿閻浮場凡夫人食；若復有施一須陀洹食者，此於彼施*為最☆勝也。居士！若梵志隨藍行如是大施，及施滿閻浮場凡夫人食，施百須陀洹食；若復有施一斯陀含食者，此於彼施為最勝也。居士！若梵志隨藍行如是大施，及施滿閻浮場凡夫人食，施百須陀洹、百斯陀含食；若復有施一阿那含食者，此於彼施為最勝也。居士！若梵志隨藍行如是大施，及施滿閻浮場凡夫人食，施百須陀洹、百斯陀含、百阿那含食；若復有施一阿羅訶食者，此於彼施為最勝也。

「居士！若梵志隨藍行如是大施，及施滿閻浮場凡夫人食，施百須陀洹、百斯陀含、百阿那含、百阿羅訶食；若復有施一辟支佛食者，此於彼施為最勝也。

「居士！若梵志隨藍行如是大施，及施滿閻浮場凡夫人食，施百須陀洹、百斯陀含、百阿那含、百阿羅訶、百辟支佛食；若復有施一如來、無所著、等正覺食者，此於彼施為最勝也。

「居士！若梵志隨藍行如是大施，及施滿閻浮場凡夫人食，施百須陀洹、百斯陀含、百阿那含、百阿羅訶、百辟支佛食；若有作房舍施四方比丘眾者，此於彼施為最勝也。

「居士！若梵志隨藍行如是大施，及施滿閻浮場凡夫人食，施百須陀洹、百斯陀含、百阿那含、百阿羅訶、百辟支佛食，作房舍施四方比丘眾；若有歡喜心歸命三尊佛、法、比丘眾及受戒者，此於彼施為最勝也。

「居士！若梵志隨藍行如是大施，及施滿閻浮場凡夫人食，施百須陀洹、百斯陀含、百阿那含、百阿羅訶、百辟支佛食，作房舍施四方比丘眾，歡喜心歸命三尊佛、法、比丘眾及受戒；若有為彼一切眾生行於慈心，乃至犛牛頃者，此於彼施為最勝也。

「居士！若梵志隨藍行如是大施，及施滿閻浮場凡夫人食，施百須陀洹、百斯陀含、百阿那含、百阿羅訶、百辟支佛食，作房舍施四方比丘衆，歡喜心歸命三尊佛、法、比丘衆及受戒，為一切衆生行於慈心，乃至犖牛頃；若有能觀一切諸法無常、苦、空及非神者，此於彼施為最勝也。

「於居士意云何？昔時梵志大長者名隨藍者，謂異人耶？莫作斯念！所以者何？當知即是我也。我昔為梵志大長者，名曰隨藍。居士！我於爾時為自饒益，亦饒益他，饒益多人，愍傷世間，為天為人求義及饒益，求安隱快樂。爾時說法不至究竟，不究竟白淨，不究竟梵行，不究竟梵行訖。爾時不離生老病死、啼哭憂慼，亦未能得脫一切苦。居士！我今出世如來、無所著、等正覺、明行成為、善逝、世間解、無上士、道法御、天人師、號佛、衆祐，我今自饒益，亦饒益他，饒益多人，愍傷世間，為天為人求義及饒益，求安隱快樂。我今說法得至究竟，究竟白淨，究竟梵行，究竟梵行訖。我今已離生老病死、啼哭憂慼，我今已得脫一切苦。」

佛說如是，須達哆居士及諸比丘聞佛所說，歡喜奉行。

須達哆經第四竟一千五百八十九字

（一五六）中阿含梵志品梵波羅延經第五第四分別誦

我聞如是：一時，佛遊舍衛國，在勝林給孤獨園。

爾時拘娑羅國衆多梵志，中後彷徉，往詣佛所，共相問訊，却坐一面，白曰：「瞿曇！欲有所問，聽我問耶？」

世尊告曰：「恣汝所問。」

時諸梵志問曰：「瞿曇！頗今有梵志學故梵志法，為越故梵志法耶？」

世尊答曰：「今無梵志學故梵志法，梵志久已越故梵志法。」

時諸梵志問曰：「瞿曇！云何今無梵志學故梵志法，諸梵志等越故梵志法來為幾時耶？」

彼時世尊以偈答曰：

所謂昔時有，　自調御熱行，　捨五欲功德，　行清淨梵行。

梵行及戒行，率至柔軟性，恕亮無害心，忍辱護其意。
昔時有此法，梵志不護此，梵志不守護；所有錢財穀，
誦習錢財穀，梵志守此藏。衣色若干種，屋舍及床榻，
豐城及諸國，梵志學如是。此梵志莫害，率守護諸法。
往到於他門，無有拘制彼，發家乞求法，隨其食時到。
梵志住在家，見者欲為施，滿四十八年，行清淨梵行。
求索明行成，昔時梵志行，彼不偷財物，亦無有恐怖。
愛*受攝相應，當以共和合，不為煩惱故，怨婬相應法。
諸有梵志者，無能行如是，若有第一行，梵志極堅求。
彼諸婬欲法，不行乃至夢，彼因此梵行，自稱梵我梵。

知彼有此行，慧者當知彼，床薄衣極單，食酥乳命存。
乞求皆如法，立齋行布施，齋時無異乞，自於己乞求。
立齋行施時，彼不有殺牛。如父母兄弟，及餘有親親，
人牛亦如是，彼因是生樂。飲食體有力，乘者安隱樂，
知有此義理，莫樂殺於牛，柔軟身極大，精色名稱譽。
慇懃自求利，昔時梵志行，梵志為自利，專事及非事。
彼當來此世，必度脫此世，彼月過於月，見意趣向彼。
遊戲於夜中，嚴飾諸婦人，吉牛圍繞前，婦女極端正。
人間微妙欲，梵志之常願，具足車乘具，善作縫治好。
家居及婚姻，梵志之常願，彼造作此縛，我等從彼來。

大王齋行施，莫失其財利，饒財物米穀，若有餘錢財。
大王相應此，梵志及車乘，象齋及馬齋，*烏齋不障門。
聚集作齋施，財物施梵志，彼從此得利，愛樂惜財物。
彼以起為欲，數數增長愛，猶如廣池水，及無量財物。
如是人有牛，於生生活具，彼造作此縛，我等從彼來。
大王齋行施，莫失其財利，饒財物米穀，若汝多有牛。
大王相應此，梵志及車乘，無量百千牛，因為齋故殺。
頭角無所嬈，牛猪昔時等，往至捉牛角，持利刀殺牛。
喚牛及於父，羅刹名曰香，彼喚呼非法，以刀刺牛時。
此法行於齋，越過最在前，無有事而殺，遠離衰退法。

昔時有三病，　欲不用食者，　以憎嫉於牛，　起病九十八。
如是此增諍，　故為智所惡，　若人見如是，　誰不有憎者。
如是此世行，　無智最下賤，　各各為欲憎，　若婦誹謗夫。
剎利梵志女，　及守護於姓，　若犯於生法，　自在由於欲。

「如是，梵志！今無梵志學故梵志法，梵志越故梵志法來爾許時也。」

於是拘娑羅國衆多梵志白曰：「世尊！我已知。善逝！我已解。世尊！我今自歸於佛、法及比丘衆，唯願世尊受我為優婆塞！從今日始，終身自歸，乃至命盡。」

佛說如是，彼拘娑羅國衆多梵志及諸比丘聞佛所說，歡喜奉行。

梵波羅延經第五竟九百五十九字

中阿含經卷第三十九千六百九字　第四分別誦

中阿含經卷第四十

東晉罽賓三藏瞿曇僧伽提婆譯

（一五七）梵志品黃蘆園經第六第四分別誦

我聞如是：一時，佛遊鞞蘭若，在黃蘆園中。

爾時鞞蘭若梵志年耆宿老，壽將欲過，命垂至盡，年百二十，拄杖而行，中後彷徉，往詣佛所，共相問訊，當在佛前倚杖而立，白曰：「瞿曇！我聞沙門瞿曇年幼極少、新出家學，若有名德沙門梵志親自來詣，而不禮敬，亦不尊重，不從坐起，不請令坐。瞿曇！此事大為不可。」

世尊告曰：「梵志！我初不見天及魔、梵、沙門、梵志，從人至天，謂自來詣，能令如來禮敬尊重，而從坐起，請令坐者。梵志！若有來詣，欲令如來禮敬尊重，而從坐起，請令坐者，彼人必當頭破七分。」

梵志復白：「瞿曇無味。」

世尊告*曰：「梵志！有事令我無味，然不如汝言。若有色味、聲味、香味、觸味者，彼如來斷智絕滅拔根終不復生。是謂有事令我無味，然不如汝言。」

梵志復白：「瞿曇無恐怖。」

世尊告曰：「梵志！有事令我無恐怖，然不如汝言。若有色恐怖，聲、香、味、觸恐怖者，彼如來斷智絕滅拔根終不復生。是謂有事令我無恐怖，然不如汝言。」

梵志復白：「瞿曇不入胎。」

世尊告曰：「梵志！有事令我不入胎，然不如汝言。若有沙門、梵志當來胎床，斷智絕滅拔根終不復生者，我說彼不入胎。如來當來胎床，斷智絕滅拔根終不復生，是故令我不入胎。是謂有事令我不入胎，然不如汝言。

「梵志！我於此眾生無明來、無明樂、無明覆、無明卵之所裹，我先觀法，我於衆生為最第一。猶鷄生卵，或十或十二，隨時念，隨時覆，隨時暖，隨時擁護。彼於其後，鷄設放逸，於中有鷄子，或以口嘴，或以足爪，啄破其卵，安隱自出，彼於鷄子為最第一。我亦如是，於此衆生無明來、無明樂、無明覆、無明卵之所裹，我先觀法，我於衆生為最第一。

「梵志！我持萵草往詣覺樹，布草樹下，敷尼師檀，結*跏趺坐，不破正坐，要至漏盡。我不破正坐，要至漏盡。我正坐已，離欲、離惡不善之法，有覺有觀，離生喜樂，逮初禪成就遊。是謂我爾時獲第一增上心，即於現法得安樂居，易不難得，樂住無怖，安隱快樂，令昇涅槃。

「復次，梵志！我覺觀已息，內靜一心，無覺無觀，定生喜樂，逮第二禪成就遊。是謂我爾時獲第二增上心，即於現法得安樂居，易不難得，樂住無怖，安隱快樂，令昇涅槃。

「復次，梵志！我離於喜欲，捨無求遊，正念正智而身覺樂，謂聖所說、聖所捨、念、樂住、*空，逮第三禪成就遊。是謂我爾時獲第三增上心，即於現法得安樂居，易不難得，樂住無怖，安隱快樂，令昇涅槃。

「復次，梵志！我樂滅苦滅，喜憂本已滅，不苦不樂，捨、念清淨，逮第四禪成就遊。是謂我爾時獲第四增上心，即於現法得安樂居，易不難得，樂住無怖，安隱快樂，令昇涅槃。

「復次，梵志！我已得如是定心清淨，無穢無煩，柔軟善住，得不動心，覺憶宿命智通作證。我有行有相貌，憶本無量昔所經歷，謂一生、二生、百生、千生、成劫、敗劫、無量成敗劫，彼衆生名某，彼昔更歷，我曾生彼，如是姓、如是字、如是生、如是飲食、如是受苦樂、如是長壽、如是久住、如是壽訖。此死生彼，彼死生此，我生在此，如是姓、如是字、如是生、如是飲食、如是受苦樂、如是長壽、如是久住、如是壽訖。是謂我爾時初夜得此第一明達，以本無放逸，樂住遠離，修行精懃，謂無智滅而智生，闇壞而明成，無明滅而明生，謂憶宿命智作證明達。

「復次，梵志！我已得如是定心清淨，無穢無煩，柔軟善住，得不動心，學於生死智通作證。我以清淨天眼出過於人，見此眾生死時生時、好色惡色、妙與不妙、往來善處及不善處，隨此眾生之所作業，見其如真。若此眾生成就身惡⊙行，口、意惡行，誹謗聖人，邪見成就邪見業；彼因緣此，身壞命終必至惡處，生地獄中。若此眾生成就身妙行，口、意妙行，不誹謗聖人，正見成就正見業；彼因緣此，身壞命終必昇善處，上生天中。是謂我爾時中夜得此第二明達，以本無放逸，樂住遠離，修行精勤，謂無智滅而智生，闇壞而明成，無明滅而明生，謂生死智作證明達。

「復次，梵志！我已得如是定心清淨，無穢無煩，柔軟善住，得不動心，學於漏盡智通作證。我知此苦如真，知此苦習、知此苦滅、知此苦滅道如真；知此漏如真，知此漏習、知此漏滅、知此漏滅道如真。我如是知、如是見，欲漏心解脫，有漏、無明漏心解脫，解脫已便知解脫：生已盡，梵行已立，所作已辦，不更受有，知如真。是謂我爾時後夜得此第三明達，以本無放逸，樂住遠離，修行精勤，謂無智滅而智生，闇壞而明成，無明滅而明生，謂漏盡智作證明達。

「復次，梵志！若有正說而說不癡法，衆生生世，一切衆生最勝，不為苦樂所覆，當知正說者即是我也。所以者何？我說不癡法，衆生生世，一切衆生最勝，不為苦樂所覆。」

於是鞞蘭若梵志即便捨杖，稽首佛足，白世尊曰：「世尊為第一，世尊為大，世尊為最，世尊為勝，世尊為等，世尊為不等，世尊無與等等，世尊無障，世尊無障人。世尊！我今自歸於佛、法及比丘眾，唯願世尊受我為優婆塞！從今日始，終身自歸，乃至命盡。」

佛說如是，鞞蘭若梵志及諸比丘聞佛所說，歡喜奉行。

黃蘆園經第六竟（千六百二字）

（一五八）中阿含梵志品頭那經第七（第四分別誦）

我聞如是：一時，佛遊舍衛國，在勝林給孤獨園。

爾時頭那梵志中後彷徉，往詣佛所，共相問訊，却坐一面。世尊問曰：「頭那！若有問汝是梵志耶？汝梵志，汝自稱說。」

梵志頭那答曰：「瞿曇！若有正稱說梵志者，為父母所舉，受生清淨，乃至七世父母不絕種族，生生無惡，博聞總持，誦過四典經，深達因、緣、正、文、戲五句說。瞿曇！正稱說梵志者，即是我也。所以者何？我為父母所舉，受生清淨，乃至七世父母不絕種族，生生無惡，博聞總持，誦過四典經，深達因、緣、正、文、戲五句說。」

世尊告曰：「頭那！我今問汝，隨所解答。頭那！於意云何？若昔有梵志壽終命過，誦持經書，流布經書，誦習典經，所謂夜吒、婆摩、婆摩提婆、毗奢蜜哆邏、夜陀揵尼、應疑羅娑、婆私吒、迦葉、婆羅婆、婆和。謂此施設五種梵志：有梵志猶如梵，有梵志似如天，有梵志不越界，有梵志越界，有梵志旃*荼羅第五。頭那！此五種梵志，汝為似誰？」

頭那白曰：「瞿曇略說此義，不廣分別，我不能知。唯願沙門瞿曇善說，令我知義！」

世尊告曰：「頭那！諦聽！善思念之，我當為汝廣分別說。」

頭那白曰：「唯然，瞿曇！」

頭那梵志受教而聽，佛言：「頭那！云何梵志猶如梵耶？若有梵志為父母所舉，受生清淨，乃至七世父母不絕種族，生生無惡。彼四十八年行童子梵行，欲得經書，誦習典經。彼得經書，誦習典經已，為供養師求乞財物，如法，非不如法。云何不如法？非田作，非治生，非書，非算，非數，非印，非手筆，非文章，非經，非詩，非以刀杖，非王從事。如法求乞，求乞財物供養於師。布施財物已，心與慈俱，遍滿一方成就遊。如是二三四方、四維上下，普周一切，心與慈俱，無結無怨，無恚無諍，極廣甚大，無量善修，遍滿一切世間成就遊。如是悲、喜，心與捨俱，無結無怨，無恚無諍，極廣甚大，無量善修，遍滿一切世間成就遊。頭那！如是梵志猶如梵也。

「頭那！云何梵心似如天耶？若有梵志為父母所舉，受生清淨，乃至七世父母不絕種族，生生無惡。彼四十八年行童子梵行，欲得經書，誦習典經。彼得經書，誦習典經已，為供養師求乞財物，如法，非不如法。云何不如法？非田作，非治生，非書，非算，非數，非印，非手筆，非文章，非經，非詩，非以刀杖，非王從事。如法求乞，求乞財物供養於師。布施財物已，行身妙行，口、意妙行。行身妙行，口、意妙行已，彼因緣此，身壞命終必昇善處，上生天中。頭那！如是梵志似如天也。

「頭那！云何梵志不越界耶？若有梵志為父母所舉，受生清淨，乃至七世父母不絕種族，生生無惡。彼四十八年行童子梵行，欲得經書，誦習典經。彼得經書，誦習典經已，為供養師求乞財物，如法，非不如法。云何不如法？非田作，非治生，非書，非算，非數，非印，非手筆，非文章，非經，非詩，非以刀杖，非王從事。如法求乞，求乞財物供養於師。布施財物已，為自求妻，如法，非不如法。云何不如法？梵志不如是意向梵志女，令更相愛，相攝合會。彼趣梵志女，非不梵志女，亦非剎利女；不懷妊，不產生。頭那！以何等故梵志非趣懷妊？莫令彼男及以女人名不淨婬，是故梵志非趣懷妊。頭那！以何等故梵志非趣產生？莫令彼男及以女人名不淨恚，是故梵志不趣產生。頭那！彼所趣向，不為財物，不為憍慠，不為莊嚴，不為*校飾☆，但為子故。彼生子已，若有故梵志要誓處所界障，住彼持彼，不越於彼。頭那！如是梵志不越界也。

「頭那！云何梵志為越界耶？若有梵志為父母所舉，受生清淨，乃至七世父母不絕種族，生生無惡。彼四十八年行童子梵行，欲得經書，誦習典經。彼得經書，誦習典經已，為供養師求乞財物，如法，非不如法。云何不如法？非田作，非治生，非書，非算，非數，非印，非手筆，非文章，非經，非詩，非以刀杖，非王從事。如法求乞，求乞財物供養於師。布施財物已，為自求妻，如法，非不如法。云何不如法？梵志不如是意向梵志女，令更相愛，相攝合會。彼趣梵志女，非不梵志女，亦非剎利女；不懷妊，不產生。頭那！以何等故梵志不趣懷妊？莫令彼男及以女人名不淨婬，是故梵志不趣懷妊。頭那！以何等故梵志不趣產生？莫令彼男及以女人名不淨恚，是故梵志不趣產生。頭那！彼所趣向，不為財物，不為憍慠，不為莊嚴，不為*校飾☆，但為子故。彼生子已，若有故梵志要誓處所界障，不住止彼，不受持彼，便越於彼。頭那！如是梵志名越界也。

「頭那！云何梵志梵志旃*荼羅？若有梵志為父母所舉，受生清淨，乃至七世父母不絕種族，生生無惡。彼四十八年行童子梵行，欲得經書，誦習典經。彼得經書，誦習典經已，為供養師求乞財物，如法，非不如法。云何不如法？非田作，非治生，非書，非算，非數，非印，非手筆，非文章，非經，非詩，非以刀杖，非王從事。如法求乞，求乞財物供養於師。布施財物已，為自求妻，如法，非不如法。云何不如法？梵志不如是意向梵志女，令更相愛，◎相攝合會。*彼趣☆梵志女，非不梵志女，亦不剎利女；不懷妊，不產生。頭那！以何等故梵志不趣懷妊？莫令彼男及以女人名不淨婬，是故梵志不趣懷妊。頭那！以何等故梵志不趣產生？莫令彼男及以女人名不淨恚，是故梵志不趣產生。頭那！彼所趣向，不為財物，不為憍慠，不為莊嚴，不為*校飾，但為子故。彼生子已，作王相應事、賊相應事、邪道相應事，作如是說：『梵志應作一切事，梵志不以此染著亦不穢污，猶若如火，淨亦燒，不淨亦燒。梵志不應作一切事，梵志不以此染著亦不穢污。』頭那！如是梵志梵志旃*荼羅。

「頭那！此五種梵志，汝為似誰？」

頭那白曰：「瞿曇！說此最後梵志旃*荼羅者，我尚不及，況復餘耶？世尊！我已知。善逝！我已解。世尊！我今自歸於佛、法及比丘眾，唯願世尊受我為優婆塞！從今日始，終身自歸，乃至命盡。」

佛說如是，頭那梵志聞佛所說，歡喜奉行。

頭那經第七竟千八百五十字

（一五九）中阿含梵志品阿伽羅訶那經第八 第四分別誦

我聞如是：一時，佛遊舍衛國，在勝林給孤獨園。

爾時阿伽羅訶那梵志，中後彷徉，往詣佛所，共相問訊，卻坐一面，白曰：「瞿曇！欲有所問，聽乃敢陳。」

世尊告曰：「恣汝所問。」

梵志即便問曰：「瞿曇！梵志經典何所依住？」

世尊答曰：「梵志經典依於人住。」

梵志即復問曰：「瞿曇！人何所依住？」

世尊答曰：「人依稻麥住。」

梵志即復問曰：「瞿曇！稻麥何所依住？」

世尊答曰：「稻麥依地住。」

梵志即復問曰：「瞿曇！地何所依住？」

世尊答曰：「地依水住。」

梵志即復問曰：「瞿曇！水何所依住？」

世尊答曰：「水依風住。」

梵志即復問曰：「瞿曇！風何所依住？」

世尊答曰：「風依空住。」

梵志即復問曰：「瞿曇！空何所依住？」

世尊答曰：「空無所依。但因日月，故有虛空。」

梵志即復問曰：「瞿曇！日月何所依住？」
世尊答曰：「日月依於四天王住。」
梵志即復問曰：「瞿曇！四王天何所依住？」
世尊答曰：「四王天依三十三天住。」
梵志即復問曰：「瞿曇！三十三天何所依住？」
世尊答曰：「三十三天依燄摩天住。」
梵志即復問曰：「瞿曇！燄摩天何所依住？」
世尊答曰：「燄摩天依兜瑟哆天住。」
梵志即復問曰：「瞿曇！兜瑟哆天何所依住？」
世尊答曰：「兜瑟哆天依化樂天住。」

梵志即復問曰：「瞿曇！化樂天何所依住？」
世尊答曰：「化樂天依他化樂天住。」
梵志即復問曰：「瞿曇！他化樂天何所依住？」
世尊答曰：「他化樂天依梵世住。」
梵志即復問曰：「瞿曇！梵世何所依住？」
世尊答曰：「梵世依於大梵住。」
梵志即復問曰：「瞿曇！大梵何所依住？」
世尊答曰：「大梵依於忍辱溫良住。」
梵志即復問曰：「瞿曇！忍辱溫良何所依住？」
世尊答曰：「忍辱溫良依涅槃住。」

梵志即復問曰：「瞿曇！涅槃何所依住？」

世尊告曰：「梵志意欲依無窮事，汝今從我受問無邊，然涅槃者無所依住，但涅槃滅訖，涅槃為最。梵志！以此義故，從我行梵行。」

梵志白曰：「世尊！我已知。善逝！我已解。世尊！我今自歸於佛、法及比丘衆，唯願世尊受我為優婆塞！從今日始，終身自歸，乃至命盡。」

佛說如是，阿伽羅訶那梵志聞佛所說，歡喜奉行。

阿伽羅訶那經第八竟六百三十四字

（一六〇）中阿含梵志品阿蘭那經第九第四分別誦

我聞如是：一時，佛遊舍衛國，在勝林給孤獨園。

爾時諸比丘於中食後，集坐講堂，論如是事：「諸賢！甚奇！甚奇！人命極少，要至後世，應作善事，應行梵行，生無不死，然今世人於法行、於義行、於善行、於妙行，無為無求。」

彼時世尊在晝行處，以淨天耳出過於人，聞諸比丘於中食後，集坐講堂，論如是事：「諸賢！甚奇！甚奇！人命極少，要至後世，應作善事，應行梵行，生無不死，然今世人於法行、於義行、於善行、於妙行，無為無求。」

世尊聞已，則於晡時從燕坐起，往詣講堂，在比丘眾前敷座而坐，問諸比丘：「汝論何事？以何等故集坐講堂？」

時諸比丘白曰：「世尊！我等衆比丘於中食後，集坐講堂，論如是事：『諸賢！甚奇！甚奇！人命極少，要至後世，應作善事，應行梵行，生無不死，然今世人於法行、於義行、於善行、於妙行，無為無求。』世尊！我等共論此事，以此事故集坐講堂。」

世尊歎曰：「善哉！善哉！比丘！謂汝作是說：『諸賢！甚奇！甚奇！人命極少，要至後世，應作善事，應行梵行，生無不死，然今世人於法行、於義行、於善行、於妙行，無為無求。』所以者何？我亦如是說：『甚奇！甚奇！人命極少，要至後世，應作善事，應行梵行，生無不死，然今世人於法行、於義行、於善行、於妙行，無為無求。』所以者何？乃過去世時，有衆生壽八萬歲。比丘！人壽八萬歲時，此閻浮洲極大豐樂，饒財珍寶，村邑相近如鷄一飛。比丘！人壽八萬歲時，女年五百乃當出嫁。比丘！人壽八萬歲時，唯有如是病，謂寒、熱、大小便、欲、不食、老，更無餘患。

「比丘！人壽八萬歲時，有王名拘牢婆，為轉輪王，聰明智慧，有四種軍整御天下，由己自在，如法法王成就七寶。彼七寶者：輪寶、象寶、馬寶、珠寶、女寶、居士寶、主兵臣寶，是謂為七。千子具足，顏貌端正，勇猛無畏能伏他衆，必當統領此一切地乃至大海，不以刀杖，以法教令，令得安隱。比丘！拘牢婆王有梵志，名阿蘭那大長者，為父母所舉，受生清淨，乃至七世父母不絕種族，生生無惡，博聞總持，誦過四典經，深達因、緣、正、文、戲五句說。比丘！梵志阿蘭那有無量百千摩納磨。梵志阿蘭那為無量百千摩納磨，住一無事處，教學經書。

「爾時梵志阿蘭那獨住靜處，燕坐思惟，心作是念：『甚奇！甚奇！人命極少，要至後世，應作善事，應行梵行，生無不死，然今世人於法行、於義行、於善行、於妙行，無為無求。我寧可剃除鬚髮，著袈裟衣，至信捨家無家學道。』於是梵志阿蘭那往至若干國眾多摩納摩所，而語彼曰：『諸摩納磨！我獨住靜處，燕坐思惟，心作是念：「甚奇！甚奇！人命極少，要至後世，應作善事，應行梵行，生無不死，然今世人於法行、於義行、於善行、於妙行，無為無求。我今寧可剃除鬚髮，著袈裟衣，至信捨家無家學道。」』諸摩納磨！我今欲剃除鬚髮，著袈裟衣，至信捨家無家學道，汝等當作何等？』彼若干國衆多摩納磨白曰：『尊師！我等所知皆蒙師恩。若尊師剃除鬚髮，著袈裟衣，至信捨家無家學道者，我等亦當剃除鬚髮，著袈裟衣，至信捨家無家從彼尊師出家學道。』

「於是梵志阿蘭那則於後時剃除鬚髮，著袈裟衣，至信捨家無家學道；彼若干國衆多摩納磨亦剃除鬚髮，著袈裟衣，至信捨家無家從彼尊師梵志阿蘭那出家學道。是為尊師阿蘭那、是為尊師阿蘭那弟子名號生也。

「爾時尊師阿蘭那為弟子說法：『諸摩納磨！甚奇！甚奇！人命極少，要至後世，應作善事，應行梵行，生無不死，然今世人於法行、於義行、於善行、於妙行，無為無求。』爾時尊師阿蘭那為弟子說法：『諸摩納磨！甚奇！甚奇！人命極少，要至後世，應作善事，應行梵行，生無不死，然今世人於法行、於義行、於善行、於妙行，無為無求。』如是尊師阿蘭那為弟子說法。

「復次，尊師阿蘭那為弟子說法：『摩納磨！猶如朝露渧在草上，日出則消，暫有不久。如是，摩納磨！人命如朝露，甚為難得；至少少味，大苦災患，災患甚多。』如是尊師阿蘭那為弟子說法。

「復次，尊師阿蘭那為弟子說法：『摩納磨！猶大雨時，渧水成泡，或生或滅。如是，摩納磨！人命如泡，甚為難得；至少少味，大苦災患，災患甚多。』如是尊師阿蘭那為弟子說法。

「復次，尊師阿蘭那為弟子說法：『摩納磨！猶如以杖投著水中，還出至速。如是，摩納磨！人命如杖，投水出速，甚為難得；至少少味，大苦災患，災患甚多。』如是尊師阿蘭那為弟子說法。

「復次，尊師阿蘭那為弟子說法：『摩納磨！猶新瓦杅投水即出，著風熱中，乾燥至速。如是，摩納磨！人命如新瓦杅，水漬速燥，甚為難得；至少少味，大苦災患，災患甚多。』如是尊師阿蘭那為弟子說法。

「復次，尊師阿蘭那為弟子說法：『摩納磨！猶如小段肉著大釜水中，下熾然火，速得消盡。如是，摩納磨！人命如肉消，甚為難得；至少少味，大苦災患，災患甚多。』如是尊師阿蘭那為弟子說法。

「復次，尊師阿蘭那為弟子說法：『摩納磨！猶縛賊送至標下殺，隨其舉足，步步趣死，步步趣命盡。如是，摩納磨！人命如賊縛送標下殺，甚為難得；至少少味，大苦災患，災患甚多。』如是尊師阿蘭那為弟子說法。

「復次，尊師阿蘭那為弟子說法：『摩納磨！猶如屠兒牽牛殺子，隨其舉足，步步趣死，步步趣命盡。如是，摩納磨！人命如牽牛殺，甚為難得；至少少味，大苦災患，災患甚多。』如是尊師阿蘭那為弟子說法。

「復次，尊師阿蘭那為弟子說法：『摩納摩！猶如機織，隨其行緯，近成近訖。如是，摩納磨！人命如機織訖，甚為難得；至少少味，大若災患，災患甚多。』如是尊師阿蘭那為弟子說法。

「復次，尊師阿蘭那為弟子說法：『摩納磨！猶如山水，瀑漲流疾，多有所漂，水流速駛無須臾停。如是，摩納磨！人壽行速，去無一時住。如是摩納磨！人命如駛水流，甚為難得；至少少味，大苦災患，災患甚多。』如是尊師阿蘭那為弟子說法。

「復次，尊師阿蘭那為弟子說法：『摩納磨！猶如夜闇以杖投地，或下頭墮地，或上頭墮地，或復臥墮，或墮淨處，或墮不淨處。如是，摩納磨！衆生為無明所覆，為愛所繫，或生泥犁，或生畜生，或生餓鬼，或生天上，或生人間。如是摩納磨！人命如闇杖投地，甚為難得；至少少味，大苦災患，災患甚多。』如是尊師阿蘭那為弟子說法。

「復次，尊師阿蘭那為弟子說法：『摩納磨！我於世斷除貪伺，心無有諍，見他財物諸生活具，不起貪伺，欲令我得，我於貪伺淨除其心。如是瞋恚、睡眠、調悔，我於世斷疑度惑，於諸善法無有猶豫，我於疑惑淨除其心。摩納磨！汝等於世亦當斷除貪伺心，無有諍，見他財物諸生活具，不起貪伺，欲令我得，汝於貪伺淨除其心。如是瞋恚、睡眠、調悔，汝於世斷疑度惑，於諸善法無有猶豫。』如是尊師阿蘭那為弟子說法。

「復次，尊師阿蘭那為弟子說法：『摩納磨！我心與慈俱，遍滿一方成就遊。如是三四方、四維上下，普周一切，心與慈俱，無結無怨，無恚無諍，極廣甚大，無量善修，遍滿一切世間成就遊。如是悲、喜，心與捨俱，無結無怨，無恚無諍，極廣甚大，無量善修，遍滿一切世間成就遊。摩納磨！汝等亦當心與慈俱，遍滿一方成就遊。如是◎二三四方、四維上下，普周一切，心與慈俱，無結無怨，無恚無諍，極廣甚大，無量善修，遍滿一切世間成就遊。如是悲、喜，心與捨俱，無結無怨，無恚無諍，極廣甚大，無量善修，遍滿一切世間成就遊。』如是尊師阿蘭那為弟子說法。

「復次，尊師阿蘭那為弟子說梵世法。若尊師阿蘭那為說梵世法時，諸弟子等有不具足奉行法者，彼命終已，或生四王天，或生三十三天，或生燄摩天，或生兜瑟哆天，或生化樂天，或生他化樂天。若尊師阿蘭那為說梵世法時，諸弟子等設有具足奉行法者，修四梵室，捨離於欲，彼命終已得生梵天。爾時尊師阿蘭那而作是念：『我不應與弟子等同，俱至後世共生一處；我今寧可更修增上慈，修增上慈已，命終得生晃昱天中。』尊師阿蘭那則於後時更修增上慈，修增上慈已，命終得生晃昱天中。尊師阿蘭那及諸弟子學道不虛，得大果報。

「比丘！於意云何？昔時尊師阿蘭那者謂異人耶？莫作斯念！所以者何？比丘！當知即是我也。我於爾時名尊師阿蘭那，我於爾時有無量百千弟子，我於爾時為諸弟子說梵世法。我說梵世法時，諸弟子等有不具足奉行法者，彼命終已，或生四王天，或生三十三天，或生燄摩天，或生兜瑟哆天，或生化樂天，或生他化樂天。我說梵世法時，諸弟子等設有具足奉行法者，修四梵室，捨離於欲，彼命終已得生梵天。我於爾時而作是念：『我不應與弟子等同，俱至後世共生一處；我今寧可更修增上慈，修增上慈已，命終得生晃昱天中。』我於後時更修增上慈，修增上慈已，命終得生晃昱天中。我於爾時及諸弟子學道不虛，得大果報。

「我於爾時自饒益，亦饒益他，饒益多人，愍傷世間，為天為人，求義及饒益，求安隱快樂。我於爾時說法不至究竟，不究竟白淨，不究竟梵行，不究竟梵行訖。我於爾時不離生老病死、啼哭憂慼，亦未能得脫一切苦。比丘！我今出世，如來、無所著、等正覺、明行成為、善逝、世間解、無上士、道法御、天人師、號佛、衆祐。我今自饒益，亦饒益他，饒益多人，愍傷世間，為天為人，求義及饒益，求安隱快樂。我今說法，得至究竟，究竟白淨，究竟梵行，究竟梵行訖。我今已離生老病死、啼哭憂慼，我今已得脫一切苦。

「比丘！若有正說者，人命極少，要至後世，應行善事，應行梵行，生無不死。比丘！今是正說。所以者何？今若有長壽，遠至百歲，或復小過者。若有長壽者，命存三百時，春時百、夏時百、冬時百。是命存千二百月，春四百①、夏四百、冬四百。命存千二百月者，命存二千四百半月，春八百、夏八百、冬八百。命存二千四百半月者，三萬六千晝夜，春萬二千、夏萬二千、冬萬二千。命存三萬六千晝夜者，七萬二千食，及障礙及母乳。於有障礙，苦不食，瞋不食，病不食，有事不食，行來不食，至王間不食，齋日不食，不得者不食。是謂，比丘！一百歲命存，百歲數、時數、歲時數、月數、半月數、月半月數、晝數、夜數、晝夜數、食數、障礙數、食障礙數。

「比丘！若有尊師所為弟子起大慈哀，憐念愍傷，求義及饒益，求安隱快樂者，我今已作。汝亦當復作，至無事處，山林樹下，空安靜處，燕坐思惟，勿得放逸！懃加精進，莫令後悔！此是我之教勑，是我訓誨。」

佛說如是，彼諸比丘聞佛所說，歡喜奉行。

阿蘭那經第九竟三千二百九十一字

中阿含經卷第四十七千三百七十三字　**第四分別誦**

中阿含經卷第四十一

東晉罽賓三藏瞿曇僧伽提婆譯

（一六一）梵志品梵摩經第十第四分別誦

我聞如是：一時，佛遊鞞陀提國，與大比丘衆俱。

爾時彌薩羅有梵志，名曰梵摩，極大富樂資財無量，畜牧產業不可稱計，封戶食邑種種具足*豐饒☆。彌薩羅乃至水草木，謂摩竭陀王未生怨鞞陀提子特與梵封。梵志梵摩有一摩納，名優多羅，為父母所學，受生清淨，乃至七世父母不絕種族，生生無惡，博聞總持，誦過四典經，深達因、緣、正、文、戲五句說。

梵志梵摩聞有沙門瞿曇釋種子，捨釋宗族，剃除鬚髮，著袈裟衣，至信捨家無家學道，遊鞞陀提國，與大比丘衆俱。彼沙門瞿曇有大名稱，周聞十方。彼沙門瞿曇如來、無所著、等正覺、明行成為、善逝、世間解、無上士、道法御、天人師、號佛、衆祐，彼於此世，天及魔、梵、沙門、梵志，從人至天，自知自覺自作證成就遊。彼說法初妙、中妙、竟亦妙，有義有文，具足清淨，顯現梵行。

復次，聞彼沙門瞿曇成就三十二大人之相。若成就大人相者，必有二處真諦不虛。若在家者，必為轉輪王，聰明智慧，有四種軍整御天下，由己自在，如法法王成就七寶。彼七寶者，輪寶、象寶、馬寶、珠寶、女寶、居士寶、主兵臣寶，是謂為七。千子具足，顏貌端政，勇猛無畏能伏他衆。彼必統領此一切地乃至大海，不以刀杖，以法教令，令得安隱。若剃除鬚髮，著袈裟衣，至信捨家無家學道者，必得如來、無所著、等正覺，名稱流布，周聞十方。

梵志梵摩聞已，告曰：「優多羅！我聞如是：彼沙門瞿曇釋種子，捨釋宗族，剃除鬚髮，著袈裟衣，至信捨家無家學道，遊鞞陀提國，與大比丘衆俱。優多羅！彼沙門瞿曇有大名稱，周聞十方。彼沙門瞿曇如來、無所著、等正覺、明行成為、善逝、世間解、無上士、道法御、天人師、號佛、衆祐，彼於此世，天及魔、梵、沙門、梵志，從人至天，自知自覺自作證成就遊。彼說法初妙、中妙、竟亦妙，有義有文，具足清淨，顯現梵行。

「復次，優多羅！彼沙門瞿曇成就三十二大人之相。若成就大人相者，必有二處真諦不虛。若在家者，必為轉輪王，聰明智慧，有四種軍整御天下，由己自在，如法法王成就七寶。彼七寶者，輪寶、象寶、馬寶、珠寶、女寶、居士寶、主兵臣寶，是謂為七。千子具足，顏貌端政，勇猛無畏能伏他衆。彼必統領此一切地乃至大海，不以刀杖，以法教令，令得安隱。若剃除鬚髮，著袈裟衣，至信捨家無家學道者，必得如來、無所著、等正覺，名稱流布，周聞十方。

「優多羅！汝受持諸經。有三十二大人之相，若成就大人相者，必有二處真諦不虛。若在家者，必為轉輪王，聰明智慧，有四種軍整御天下，由己自在，如法法王成就七寶。彼七寶者，輪寶、象寶、馬寶、珠寶、女寶、居士寶、主兵臣寶，是謂為七。千子具足，顏貌端政，勇猛無畏能伏他衆。彼必統領此一切地乃至大海，不以刀杖，以法教令，令得安隱。若剃除鬚髮，著袈裟衣，至信捨家無家學道者，必得如來、無所著、等正覺，名稱流布，周聞十方。」

優多羅答曰：「唯然，世尊！我受持諸經。有三十二大人之相，若成就大人相者，必有二處真諦不虛。若在家者，必為轉輪王，聰明智慧，有四種軍整御天下，由己自在，如法法王成就七寶。彼七寶者，輪寶、象寶、馬寶、珠寶、女寶、居士寶、主兵臣寶，是謂為七。

千子具足，顏貌端政，勇猛無畏能伏他衆。彼必統領此一切地乃至大海，不以刀杖，以法教令，令得安隱。若剃除鬚髮，著袈裟衣，至信捨家無家學道者，必得如來、無所著、等正覺，名稱流布，周聞十方。」

梵志梵摩告曰：「優多羅！汝往詣彼沙門瞿曇所，觀彼沙門瞿曇為如是？為不如是？實有三十二大人相耶？」

優多羅摩納聞已，稽首梵志梵摩足，繞三匝而去。往詣佛所，共相問訊，却坐一面，觀世尊身三十二相。彼見世尊身有三十相，於二相疑惑：陰馬藏及廣長舌。

世尊念曰：「此優多羅於我身觀三十二相，彼見有三十相，於二相疑惑：陰馬藏及廣長舌。我今寧可斷其疑惑。」

世尊知已，即如其像作如意足：如其像作如意足已，令優多羅摩納見我身陰馬藏及廣長舌。於是世尊即如其像作如意足，如其像作如意足已，優多羅摩納見世尊身陰馬藏及廣長舌。廣長舌者，從口出舌盡覆其面。

優多羅摩納見已，而作是念：「沙門瞿曇成就三十二大人之相。若成就大人相者，必有二處真諦不虛。若在家者，必為轉輪王，聰明智慧，有四種軍整御天下，由己自在，如法法王成就七寶。彼七寶者，輪寶、象寶、馬寶、珠寶、女寶、居士寶、主兵臣寶，是謂為七。千子具足，顏貌端政，勇猛無畏能伏他衆。彼必統領此一切地乃至大海，不以刀杖，以法教令，令得安隱。若剃除鬚髮，著袈裟衣，至信捨家無家學道者，必得如來、無所著、等正覺，名稱流布，周聞十方。」

優多羅摩納復作是念：「我寧可極觀威儀禮節，及觀遊行所趣。」於是優多羅摩納尋隨佛行，於夏四月觀威儀禮節，及觀遊行所趣。優多羅摩納過夏四月，悅可世尊威儀禮節，及觀遊行所趣，白曰：「瞿曇！我今有事，欲還請辭。」

世尊告曰：「優多羅！汝去隨意。」

優多羅摩納聞世尊所說，善受善持，即從坐起，繞三匝而去，往詣梵志梵摩所，稽首梵志梵摩足，却坐一面。梵志梵摩問曰：「優多羅！實如所聞：沙門瞿曇有大名稱，周聞十方，為如是？為不如是？實有三十二大人相耶？」

優多羅摩納答曰：「唯然，尊！實如所聞：沙門瞿曇有大名稱，周聞十方。沙門瞿曇如是，非不如是，實有三十二相。

「尊！沙門瞿曇足安平立，是謂，尊！沙門瞿曇大人大人之相。復次，尊！沙門瞿曇足下生輪，輪有千輻，一切具足，是謂，尊！沙門瞿曇大人大人之相。復次，尊！沙門瞿曇足指纖長，是謂，尊！沙門瞿曇大人大人之相。復次，尊！沙門瞿曇足周正直，是謂，尊！沙門瞿曇大人大人之相。復次，尊！沙門瞿曇足跟趺後兩邊平滿，是謂，尊！沙門瞿曇大人大人之相。復次，尊！沙門瞿曇足兩踝鵬，是謂，尊！沙門瞿曇大人大人之相。復次，尊！沙門瞿曇身毛上向，是謂，尊！沙門瞿曇大人大人之相。復次，尊！沙門瞿曇手足網縵，猶如鴈王，是謂，尊！沙門瞿曇大人大人之相。

「復次，尊！沙門瞿曇手足極妙，柔弱*濡軟，猶兜羅華，是謂，尊！沙門瞿曇大人大人之相。復次，尊！沙門瞿曇肌皮軟細，塵水不著，是謂，尊！沙門瞿曇大人大人之相。復次，尊！沙門瞿曇一一毛，一一毛者，身一一孔一毛生，色若紺青，如螺右旋，是謂，尊！沙門瞿曇大人大人之相。復次，尊！沙門瞿曇鹿蹲腸，猶如鹿王，是謂，尊！沙門瞿曇大人大人之相。復次，尊！沙門瞿曇陰馬藏，猶良馬王，是謂，尊！沙門瞿曇大人大人之相。復次，尊！沙門瞿曇身形圓好，猶尼拘類樹，上下圓相稱，是謂，尊！沙門瞿曇大人大人之相。復次，尊！沙門瞿曇身不阿曲，身不曲者，平立伸手以摩其膝，是謂，尊！沙門瞿曇大人大人之相。

「復次，尊！沙門瞿曇身黃金色，如紫磨金，是謂，尊！沙門瞿曇大人大人之相。復次，尊！沙門瞿曇身七處滿，七處滿者，兩手、兩足、兩肩及項，是謂，尊！沙門瞿曇大人大人之相。復次，尊！沙門瞿曇其上身大，猶如師子，是謂，尊！沙門瞿曇大人大人之相。復次，尊！沙門瞿曇師子頰車，是謂，尊！沙門瞿曇大人大人之相。復次，尊！沙門瞿曇脊背平直，是謂，尊！沙門瞿曇大人大人之相。復次，尊！沙門瞿曇兩肩上連，通頸平滿，是謂，尊！沙門瞿曇大人大人之相。復次，尊！沙門瞿曇四十齒，*平齒、不踈齒、白齒，通味第一味，是謂，尊！沙門瞿曇大人大人之相。

「復次，尊！沙門瞿曇梵音可愛，其聲猶如迦羅毘伽，是謂，尊！沙門瞿曇大人大人之相。復次，尊！沙門瞿曇廣長舌，廣長舌者，舌從口出，遍覆其面，是謂，尊！沙門瞿曇大人大人之相。復次，尊！沙門瞿曇承淚處滿，猶如牛王，是謂，尊！沙門瞿曇大人大人之相。復次，尊！沙門瞿曇眼色紺青，是謂，尊！沙門瞿曇大人大人之相。復次，尊！沙門瞿曇頂有肉髻，團圓相稱，髮螺右旋，是謂，尊！沙門瞿曇大人大人之相。復次，尊！沙門瞿曇眉間生毛，潔白右縈，是謂，尊！沙門瞿曇大人大人之相。是謂，尊！沙門瞿曇成就三十二大人之相。

「若成就大人相者，必有二處真諦不虛。若在家者，必為轉輪王，聰明智慧，有四種軍整御天下，由己自在，如法法王成就七寶。彼七寶者，輪寶、象寶、馬寶、珠寶、女寶、居士寶、主兵臣寶，是謂為七。千子具足，顏貌端政，勇猛無畏能伏他衆。彼必統領此一切地乃至大海，不以刀杖，以法教令，令得安隱。若剃除鬚髮，著袈裟衣，至信捨家無家學道者，必得如來、無所著、等正覺，名稱流布，周聞十方。

「復次，尊！我見沙門瞿曇著衣、已著衣，被衣、已被衣，出房、已出房，出園、已出園，行道至村間，入村、已入村，在巷，入家、已入家，正床、已正床，坐、已坐，澡手、已澡手，受飲食、已受飲食，食、已食，澡手呪願，從坐起，出家、已出家，在巷，出村、已出村，入園、已入園，入房、已入房。尊！沙門瞿曇著衣齊整，不高不下，衣不近體，風不能令衣遠離身。尊！沙門瞿曇被衣齊整，不高不下，衣不近體，風不能令衣遠離身。尊！沙門瞿曇常著新衣，隨順於聖，以刀割截，染作惡色，如是彼聖染作惡色。彼持衣者，不為財物，不為貢高，不為自飾，不為莊嚴，但為障蔽蚊虻、風日之所觸故，及為慙愧覆其身故。

「彼出房時，身不低仰。尊！沙門瞿曇出房時，終不低身。尊！沙門瞿曇若欲行時，先舉右足，正舉正下，行不擾亂，亦無惡亂，行時兩踝終不相振。尊！沙門瞿曇行時不為塵土所坌。所以者何？以本善行故。彼出園時，身不低仰。尊！沙門瞿曇出園時，終不低身。往到村間，身極右旋，觀察如龍，遍觀而觀，不恐不怖，亦不驚懼，觀於諸方。所以者何？以如來、無所著、等正覺故。彼入村時，身不低仰。尊！沙門瞿曇入村時，終不低身。彼在街巷不低視，亦不仰視，唯直正視，於中不礙所知所見。

「尊！沙門瞿曇諸根常定。所以者何？以本善行故。彼入家時，身不低仰。尊！沙門瞿曇入家時，終不低身。尊！沙門瞿曇迴身右旋，正床而坐。彼於床上不極身力坐，亦不以手案髀坐床。彼坐床已，不悒悒，不煩惱，亦復不樂。受澡水時，不高不下，不多不少。彼受飲食，不高不下，不多不少。尊！沙門瞿曇受食平鉢，等羹飲食。尊！沙門瞿曇摶食齊整，徐著口中，摶食未至，不豫張口，及在口中三嚼而咽，無飯及羹亦不斷碎，有餘在口，復內後摶。

「尊！沙門瞿曇以三事清淨，食欲得味，不欲染味。彼食不為財物，不為貢高，不為自飾，不為莊嚴，但欲存身，久住無患，用止故疹，不起新病，存命無患，有力快樂。飯食已訖，受*澡手水，不高不下，不多不少。受澡鉢水，不高不下，不多不少。彼洗手淨已，其鉢亦淨。洗鉢淨已，其手亦淨。拭手已，便拭鉢。拭鉢已，便拭手。彼洗拭鉢已，安著一面，不近不遠，不數觀鉢，亦不為鉢。彼不毀呰此食，亦不稱譽彼食，但*暫默然已，為諸居士說法，勸發渴仰，成就歡喜。無量方便為彼說法，勸發渴仰，成就歡喜已，即從坐起，便退而還。

「彼出家時，身不低仰。尊！沙門瞿曇出家時，終不低身。彼在街巷不低視，亦不仰視，唯直正視，於中不礙所知所見。尊！沙門瞿曇諸根常定。所以者何？以本善行故。彼出村時，身不低仰。尊！沙門瞿曇出村時，終不低身。彼入園時，身不低仰。尊！沙門瞿曇入園時，終不低身。彼中食後，收舉衣鉢，澡洗手足，以尼師檀著於肩上，入房宴坐。尊！沙門瞿曇饒益世間故，入房宴坐。尊！沙門瞿曇則於晡時從宴坐起，面色光澤。所以者何？以如來、無所著、等正覺故。

「尊！沙門瞿曇口出八種音聲：一曰甚深，二曰毘摩樓簸，三曰入心，四曰可愛，五曰極滿，六曰活瞿，七曰分子，八曰智也。多人所愛，多人所樂，多人所念，令得心定。尊！沙門瞿曇隨衆說法，聲不出眾外，唯在於眾，為彼說法，勸發渴仰，成就歡喜。無量方便為彼說法，勸發渴仰，成就歡喜已，即從坐起，還歸本所。

「尊！沙門瞿曇其像如是，但有殊勝復過於是。尊！我欲詣彼沙門瞿曇，從學梵行。」

梵志梵摩告曰：「隨意。」

於是優多羅摩納稽首梵志梵摩足，繞三匝而去。往詣佛所，稽首佛足，却坐一面，白曰：「世尊！願從世尊學道受具足，成就比丘，得從世尊修行梵行。」

於是世尊度優多羅摩納，令學道受具足。度優多羅摩納，令學道受具足已，遊行鞞陀提國，與大比丘眾俱。展轉進前，到彌薩羅，住彌薩羅大天㮈林。

彼彌薩羅梵志、居士聞：「沙門瞿曇釋種子，捨釋宗族，出家學道，遊行鞞陀提國，與大比丘衆俱。展轉來至此彌薩羅，住大天㮈林。沙門瞿曇有大名稱，周聞十方。沙門瞿曇如來、無所著、等正覺、明行成為、善逝、世間解、無上士、道法御、天人師、號佛、衆祐，彼於此世，天及魔、梵、沙門、梵志，從人至天，自知自覺自作證成就遊。彼說法初妙、中妙、竟亦妙，有義有文，具足清淨，顯現梵行。若有見如來、無所著、等正覺敬重禮拜供養承事者，快得善利。我等寧可共往見彼沙門瞿曇，禮拜供養。」

彼彌薩羅梵志、居士，各與等類眷屬相隨，從彌薩羅出，北行至大天㮈林，欲見世尊禮拜供養。往詣佛已，或有彌薩羅梵志、居士稽首佛足，却坐一面。或有與佛共相問訊，却坐一面。或有叉手向佛，却坐一面。或有遙見佛已，默然而坐。彼彌薩羅梵志、居士各各坐已，佛為說法，勸發渴仰，成就歡喜。無量方便為彼說法，勸發渴仰，成就歡喜已，默然而住。

梵志梵摩聞：「沙門瞿曇釋種子，捨釋宗族，出家學道，遊行鞞陀提國，與大比丘衆俱，展轉來至此彌薩羅國，住大天㮈林。彼沙門瞿曇有大名稱，周聞十方。彼沙門瞿曇如來、無所著、等正覺、明行成為、善逝、世間解、無上士、道法御、天人師、號佛、衆祐，彼於此世，天及魔、梵、沙門、梵志，從人至天，自知自覺自作證成就遊。彼說法初妙、中妙、竟亦妙，有義有文，具足清淨，顯現梵行。若有見如來、無所著、等正覺敬重禮拜供養承事者，快得善利。我寧可往見沙門瞿曇，禮拜供養。」

梵志梵摩告御者曰：「汝速嚴駕，我今欲往詣沙門瞿曇。」御者受教，即速嚴駕訖，還白曰：「嚴駕已畢，尊自知時。」於是梵摩乘極賢妙車，從彌薩羅出，北行至大天㮈林，欲見世尊禮拜供養。

爾時世尊在無量眾前後圍繞而為說法。梵志梵摩遙見世尊在無量眾前後圍繞而為說法，見已恐怖。於是梵摩即避在道側，至樹下住，告一摩納：「汝往詣彼沙門瞿曇，為我問訊：聖體康強，安快無病，起居輕便，氣力如常耶？作如是語：『瞿曇！我師梵摩問訊：聖體康強，安快無病，起居輕便，氣力如常耶？瞿曇！我師梵摩欲來見沙門瞿曇。』」

於是摩納即受教行，往詣佛所，共相問訊，却坐一面，白曰：「瞿曇！我師梵摩問訊：聖體康強，安快無病，起居輕便，氣力如常耶？瞿曇！我師梵摩欲來見沙門瞿曇。」

世尊告曰：「摩納！令梵志梵摩安隱快樂，令天及人、阿修羅、揵沓和、羅刹及餘種種身安隱快樂。摩納！梵志梵摩欲來隨意。」

於是摩納聞佛所說，善受善持，即從坐起，繞佛三匝而去。還詣梵志梵摩所，白曰：「尊！我已通沙門瞿曇，彼沙門瞿曇今住待尊，唯尊知時。」

梵志梵摩即從車下，步詣佛所。彼眾遙見梵志梵摩來，即從座起，開道避之。所以者何？以有名德及多識故。梵志梵摩告彼眾曰：「諸賢！各各復坐！我欲直往見沙門瞿曇。」

於是梵摩往詣佛所，共相問訊，却坐一面。爾時梵摩不壞二根：眼根及耳根。梵志梵摩坐已，諦觀佛身三十二相。彼見三十相，於二相有疑：陰馬藏及廣長舌。梵志梵摩即時以偈問世尊曰：

如我昔曾所聞，　三十二大人相，
於中求不見二，　尊沙門瞿曇身。
為有陰馬藏不？　一切人尊深密；

云何為人最尊？　不現視微妙舌。
若尊有廣長舌，　唯願令我得見，
今實有疑惑心，　願調御決我疑。

世尊作是念：「此梵志梵摩求我身三十二相，彼見三十，於二有疑：陰馬藏及廣長舌。我今寧可除彼疑惑。」世尊知已，作如其像如意足。作如其像如意足已，梵志梵摩見世尊身陰馬藏及廣長舌。於中廣長舌者，舌從口出，盡覆其面。世尊止如意足已，為梵志梵摩說此頌曰：

謂汝昔曾所聞，　三十二大人相，
彼一切在我身，　滿具足最上正。

調御斷於我疑，　　梵志發微妙信，
至難得見聞，　　最上正盡覺。　　出世為極難，　　最上正盡覺，
梵志我正覺，　　無上正法王。

梵志梵摩聞已，而作是念：「此沙門瞿曇成就三十二大人之相，調成就大人相者，必有二處真諦不虛。若在家者，必為轉輪王，聰明智慧，有四種軍整御天下，如法法王成就七寶。彼七寶者，輪寶、象⊙寶、馬寶、珠寶、女寶、居士寶、主兵臣寶，是謂為七。千子具足，顏貌端政，勇猛無畏能伏他衆。彼必統領此一切地乃至大海，不以刀*杖，以法教令，令得安隱。若剃除鬚髮，著袈裟衣，至信捨家無家學道者，必得如來、無所著、等正覺，名稱流布，周聞十方。」

於是世尊而作是念：「此梵志梵摩長夜無諛諂、無欺誑，所欲所問者，一切欲知，非為觸嬈；彼亦如是，我寧可說彼甚深阿毘曇。」

世尊知已，為梵志梵摩即說頌曰：

現世樂法故，　饒益為後世，　梵志汝問事，　隨本意所思。
彼彼諸問事，　我為汝斷疑。

世尊已許問，梵志梵摩故便問世尊事，隨本意所思：

云何為梵志？　三達有何義？　以何說無著？　何等正盡覺？

爾時世尊以頌答曰：

滅惡不善法，　立住*釋梵行，　修習梵志*行，　以此為梵志。
明達於過去，　見樂及惡道，　得*盡無明訖☆，　知是立牟尼。

善知清淨心，　盡脫婬怒癡，　成就於三明，　以此為三達。
遠離不善法，　正住第一義，　第一世所敬，　以此為無著。
饒益天及人，　與眼滅壞諍，　普知現視盡，　以此*為正☆覺。

於是梵摩即從座起，欲稽首佛足。

彼時大衆同時俱發高大音聲：「沙門瞿曇甚奇！甚特！有大如意足，有大威德，有大福祐，有大威神。所以者何？此彌薩羅國所有梵志、居士者，梵志梵摩於彼最第一，謂出生故，梵志梵摩為父母所舉，受生清淨，乃至七世父母不絕種族，生生無惡。彼為沙門瞿曇極下意尊敬作禮，供養奉事。沙門瞿曇甚奇！甚特！有大如意足，有大威德，有大福祐，有大威神。所以者何？此彌薩羅國所有梵志、居士者，梵志梵摩於彼最第一，謂學書故，梵志梵摩博聞總持，誦過四典經，深達因、緣、正、文、戲五句說。彼為沙門瞿曇極下意尊敬作禮，供養奉事。

「沙門瞿曇甚奇！甚特！有大如意足，有大威德，有大福祐，有大威神。所以者何？此彌薩羅國所有梵志、居士者，梵志梵摩於彼最第一，謂財物故，梵志梵摩極大富樂資財無量，畜牧產業不可稱計，封戶食邑種種具足*豐饒☆；彌薩羅乃至水草木，謂王摩竭陀未生怨鞞陀提子特與梵封。彼為沙門瞿曇極下意尊敬作禮，供養奉事。沙門瞿曇甚奇！甚特！有大如意足，有大威德，有大福祐，有大威神。所以者何？此彌薩羅國所有梵志、居士者，梵志梵摩於彼最第一，謂壽命故，梵志梵摩極大長老，壽命具足，年百二十六。彼為沙門瞿曇極下意尊敬作禮，供養奉事。」

是時世尊以他心智知彼大眾心之所念，世尊知已，告梵志梵摩：「止！止！梵志！但心喜足，可還復坐，為汝說法。」

梵志梵摩稽首佛足，却坐一面。世尊為彼說法，勸發渴仰，成就歡喜。無量方便為彼說法，勸發渴仰，成就歡喜已，如諸佛法，先說端政法，聞者歡悅，謂說施、說戒、說生天法，毀呰欲為災患、生死為穢，稱嘆無欲為妙、道品白淨。為說是已，佛知彼有歡喜心、具足心、柔軟心、堪耐心、昇上心、一向心、無疑心、無蓋心，有能有力受佛正法。謂如諸佛所說正要，世尊具為彼說苦、習、滅、道，梵志梵摩即於座上見四聖諦：苦、習、滅、道。猶如白素，易染為色，如是梵摩即於座上見四聖諦：苦、習、滅、道。

於是梵摩見法得法，覺白淨法，斷疑度惑，更無餘尊，不復由他，無有猶豫，已住果證，於世尊法得無所畏，即從座起，稽首佛足：「世尊！我今自歸於佛、法及比丘眾，唯願世尊受我為優婆塞！從今日始，終身自歸，乃至命盡。」

時梵志梵摩*叉手向佛白曰：「世尊！唯願明日垂顧受請，及比丘眾！」

世尊為梵志梵摩故默然而受。梵志梵摩知世尊默然受已，稽首佛足，繞三匝而去。還歸其家，即於其夜施設餚饌極妙上味，種種豐饒食噉含消。施設已訖，平旦敷床，至時唱曰：「世尊！飯食已辦，唯聖知時。」

於是世尊過夜平旦，著衣持鉢，比丘翼從，世尊在前，往詣梵志梵摩家，於比丘衆前敷座而坐。梵志梵摩知世尊及比丘衆衆坐已定，自行澡水，以上味餚饌，種種豐饒食噉含消，自手斟酌，令極飽滿。食訖收器，行澡水竟，取一小床，坐受呪願。梵志梵摩坐已，世尊為彼說呪願曰：

呪火第一齋，　通音諸音本。　王為人中尊，　海為江河長，
月為星中明，　明照無過日。　上下維諸方，　及一切世間，
從人乃至天，　唯佛最第一。

於是世尊為梵志梵摩說呪願已，從座起去。彌薩羅國住經數日，攝衣持鉢，則便遊行至舍衛國，展轉前進到舍衛國，住勝林給孤獨園。於是衆多比丘舍衛乞食時，聞彼彌薩羅梵志梵摩以偈問佛事，彼便命終。

諸比丘聞已，食訖中後收舉衣鉢，澡洗手足，以尼師檀著於肩上，往詣佛所，稽首作禮，却住一面，白曰：「世尊！我等衆多比丘平旦著衣持鉢，入舍衛乞食時，聞彼彌薩羅梵志梵摩以偈問佛事，彼便命終。世尊！彼至何處？為生何許？後世云何？」

世尊答曰：「比丘！梵志梵摩極有大利，最後知法為法故，不煩勞我。比丘！梵志梵摩五下分結盡，生彼得般涅槃，得不退法，不還此世。」

爾時世尊記說梵摩得阿那含。

佛說如是，梵志梵摩及諸比丘聞佛所說，歡喜奉行。

梵摩經第十竟（六千七百七十六字）

中阿含經卷第四十一（六千七百七十六字）

中阿含梵志品第一竟（三萬四百五十四字）

中阿含經卷第四十二

東晉罽賓三藏瞿曇僧伽提婆譯

根本分別品第十三（有十一經）　第四分別誦

分別六界、處，觀法、溫泉林，
釋中禪室尊，阿難說、意行，
拘樓瘦無諍，鸚鵡、分別業。

（一六二）中阿含根本分別品分別六界經第一

我聞如是：「一時，佛遊摩竭陀國，往詣王舍城宿。

於是世尊往至陶家，語曰：「陶師！我今欲寄陶屋一宿，汝見聽耶？」

陶師答曰：「我無所違，然有一比丘先已住中，若彼聽者，欲住隨意。」

爾時尊者弗迦邏娑利先已在彼，住陶屋中。於是世尊出陶師家，入彼陶屋，語尊者弗迦邏娑利曰：「比丘！我今欲寄陶屋一宿，汝見聽耶。」

尊者弗迦邏娑利答曰：「君！我無所違，且此陶屋草座已敷。君欲住者，自可隨意。」

爾時世尊從彼陶屋出外洗足訖，還入內，於草座上敷尼師檀，結跏趺坐，竟夜默然，*靜坐定意。尊者弗迦邏娑利亦竟夜默然，*靜坐定意。彼時世尊而作是念：「此比丘住止寂*靜，甚奇！甚特！我今寧可問彼比丘：汝師是誰？依誰出家學道受法？」

世尊念已，問曰：「比丘！汝師是誰？依誰出家學道受法？」

尊者弗迦邏娑利答曰：「賢者！有沙門瞿曇釋種子，捨釋宗族，剃除鬚髮，著袈裟衣，至信捨家無家學道，覺無上正盡覺。彼是我師，依彼出家學道受法。」

世尊即復問曰：「比丘！曾見師耶？」

尊者弗迦邏娑利答曰：「不見。」

世尊問曰：「若見師者，為識不耶？」

尊者弗迦邏娑利答曰：「不識。然，賢者！我聞世尊、如來、無所著、等正覺、明行成為、善逝、世間解、無上士、道法御、天人師、號佛、衆祐，彼是我師，依彼出家學道受法。」

彼時世尊復作是念：「此族姓子依我出家學道受法，我今寧可為說法耶？」

世尊念已，語尊者弗迦邏娑利曰：「比丘！我為汝說法，初善、中善、竟亦善，有義有文，具足清淨，顯現梵行，謂分別六界。汝當諦聽！善思念之。」

尊者弗迦邏娑利答曰：「唯然。」

佛告彼曰：「比丘！人有六界聚、六觸處、十八意行、四住處。若有住彼，不聞憂慼事；不聞憂慼事已，意便不憎、不憂、不勞，亦不恐怖。如是有教，不放逸慧，守護真諦，長養惠施。比丘！當學最上，當學至寂，分別六界。

「如是，比丘！人有六界聚。此說何因？謂地界、水界、火界、風界、空界、識界。比丘！人有六界聚者，因此故說。比丘！人有六觸處。此說何因？謂比丘眼觸見色，耳觸聞聲，鼻觸嗅香，舌觸嘗味，身觸覺觸，意觸知法。比丘！人有六觸處者，因此故說。比丘！人有十八意行。此說何因？謂比丘眼見色，觀色喜住，觀色憂住，觀色捨住；如是耳、鼻、舌、身，意知法，觀法喜住，觀法憂住，觀法捨住。比丘！此六喜觀、六憂觀、六捨觀，合已十八行。比丘！人有十八意行者，因此故說。比丘！人有四住處。此說何因？謂真諦住處、慧住處、施住處、息住處。比丘！人有四住處者，因此故說。

「云何比丘不放逸慧？若有比丘分別身界：今我此身有內地界而受於生。此為云何？謂髮、毛、爪、齒、麤細膚、皮、肉、骨、筋、腎、心、肝、肺、脾、大腸、胴、糞。如斯之比，此身中餘在內，內所攝堅，堅性住內，於生所受，是謂比丘內地界也。比丘！若有內地界及外地界者，彼一切總說地界。彼一切非我有，我非彼有，亦非神也。如是慧觀，知其如真，心不染著於此地界，是謂比丘不放逸慧。

「復次，比丘不放逸慧。若有比丘分別身界：今我此身有內水界而受於生。此為云何？謂腦膜、眼淚、汗、涕唾、膿血、肪髓、涎*痰、小便。如斯之比，此身中餘在內，內所攝水，水性潤內，於生所受，是謂比丘內水界也。比丘！若有內水界及外水界者，彼一切總說水界。彼一切非我有，我非彼有，亦非神也。如是慧觀，知其如真，心不染著於此水界，是謂比丘不放逸慧。

「復次，比丘不放逸慧。若有比丘分別此身界：今我此身有內火界而受於生。此為云何？謂熱身、暖身、煩悶身、溫*壯身，謂消飲食。如斯之比，此身中餘在內，內所攝火，火性熱內，於生所受，是謂比丘內火界也。比丘！若有內火界及外火界者，彼一切總說火界。彼一切非我有，我非彼有，亦非神也。如是慧觀，知其如真，心不染著於此火界，是謂比丘不放逸慧。

「復次，比丘不放逸慧。若有比丘分別身界：今我此身有內風界而受於生。此為云何？謂上風、下風、脇風、掣縮風、蹴風、非道風、節節⊙行風、息出風、息入風。如斯之比，此身中餘在內，內所攝風，風性動內，於生所受，是謂比丘內風界也。比丘！若有內風界及外風界者，彼一切總說風界。彼一切非我有，我非彼有，亦非神也。如是慧觀，知其如真，心不染著於此風界，是謂比丘不放逸慧。

「復次，比丘不放逸慧。若有比丘分別身界：今我此身有內空界而受於生。此為云何？謂眼空、耳空、鼻空、口空，咽喉動搖，謂食噉含消，安徐咽住，若下過出。如斯之比，此身中餘在內，內所攝空，在空不為肉、皮、骨、筋所覆，是謂比丘內空界也。比丘！若有內空界及外空界者，彼一切總說空界。彼一切非我有，我非彼有，亦非神也。如是慧觀，知其如真，心不染著於此空界，是謂比丘不放逸慧。

「比丘！若有比丘於此五界知其如真，知如真已，心不染彼而解脫者，唯有餘識。此何等識？樂識、苦識、喜識、憂識、捨識。

「比丘！因樂更樂故生樂覺，彼覺樂覺，覺樂覺已，即知覺樂覺，若有比丘滅此樂更樂，滅此樂更樂已，若有從樂更樂生樂覺者，彼亦滅息止，知已冷也。比丘！因苦更樂故生苦覺，彼覺苦覺，覺苦覺已，即知覺苦覺。若有比丘滅此苦更樂，滅此苦更樂已，若有從苦更樂生苦覺者，彼亦滅息止，知已冷也。比丘！因喜更樂故生喜覺，彼覺喜覺，覺喜覺已，即知覺喜覺。若有比丘滅此喜更樂，滅此喜更樂已，若有從喜更樂生喜覺者，彼亦滅息止，知已冷也。比丘！因憂更樂故生憂覺，彼覺憂覺，覺憂覺已，即知覺憂覺。若有比丘滅此憂更樂，滅此憂更樂已，若有從憂更*樂生憂覺者，彼亦滅息止，知已冷也。比丘！因捨更樂故生捨覺，彼覺捨覺，覺捨覺已，即知覺捨覺。若有比丘滅此捨更樂，滅此捨更樂已，若有從捨更樂生捨覺者，彼亦滅息止，知已冷也。

「比丘！彼彼更樂故生彼彼覺，滅彼彼更樂已，彼彼覺亦滅。彼知此覺從更樂，更樂本，更樂習，從更樂生，以更樂為首，依更樂行。

「比丘！猶如火母，因鑽及人方便熱相故，而生火也。比丘！彼彼衆多林木相離分散，若從彼生火，火數熱，於生數受，彼都滅止息，則冷樵木也。如是，比丘！彼彼更樂故生彼彼覺，滅彼彼更樂故彼彼覺亦滅。彼知此覺從更樂，更樂本，更樂習，從更樂生，以更樂為首，依更樂行。若比丘不染此三覺而解脫者，彼比丘唯存於捨，極清淨也。

「比丘！彼比丘作是念：我此清淨捨，移入無量空處，修如是心，依彼、住彼、立彼、緣彼、繫縛於彼；我此清淨捨，移入無量識處、無所有處、非有想非無想處，修如是心，依彼、住彼、立彼、緣彼、繫縛於彼。

「比丘！猶工煉金上妙之師，以火燒金，鍛令極薄。又以火熛，數數足火熟煉令淨，極使柔軟而有光明。比丘！此金者，於金師以數數足火熟煉令淨，極使柔軟而有光明已。彼金師者，隨所施設，或繒綵，嚴飾新衣，指鐶、臂釧、瓔珞、寶鬘隨意所作。如是，比丘！彼比丘作是念：我此清淨捨，移入無量空處，修如是心，依彼、住彼、立彼、緣彼、繫縛於彼；我此清淨捨，移入無量識處、無所有處、非有想非無想處，修如是心，依彼、住彼、立彼、緣彼、繫縛於彼。

「彼比丘復作是念：我此清淨捨，依無量空處者，故是有為；若有為者，則是無常；若無常者，即是苦也；若是苦者，便知苦。知苦已，彼此捨不復移入無量空處。我此清淨捨，依無量識處、無所有處、非有想非無想處者，故是有為；若有為者，則是無常；若無常者，即是苦也；若是苦者，便知苦。知苦已，彼此捨不復移入無量識處、無所有處、非有想非無想處。比丘！若有比丘於此四處以慧觀之，知其如真，心不成就、不移入者，彼於爾時不復有為，亦無所思，謂有及無。彼受身最後覺，則知受身最後覺；受命最後覺，則知受命最後覺。身壞命終，壽命已訖，彼所覺一切滅息止，知至冷也。

「比丘！譬如燃燈，因油因炷。彼若無人更增益油，亦不續炷，是為前已滅訖，後不相續，無所復受。如是比丘受身最後覺，則知受身最後覺；受命最後覺，則知受命最後覺。身壞命終，壽命已訖，彼所覺一切滅息止，知至冷也。比丘！是謂比丘第一正慧，謂至究竟滅訖；漏盡比丘成就於彼，成就第一正慧處。比丘！此解脫住真諦，得不移動。真諦者，謂如法也；妄言者，謂虛妄法。比丘成就彼第一真諦處。

「比丘！彼比丘施說施若本必有怨家，彼於爾時放捨、吐離、解脫、滅訖。比丘！是謂比丘第一正惠施，謂捨離一切世盡，無欲、滅、息、止。比丘成就於彼，成就第一惠施處。比丘！彼比丘心為欲、恚、癡所穢，不得解脫。比丘！此一切婬、怒、癡盡，無欲、滅、息、止，得第一息。比丘成就彼者，成就第一息處。

「比丘！我者是自舉，我當有是亦自舉，我當非有非無是亦自舉，我當色有是亦自學，我當無色有是亦自學，我當非有色非無色是亦自學，我當有想是亦自學，我當無想是亦自學，我當非有想非無想是亦自學，是貢高、是憍慠、是放逸。比丘！若無此一切自學、貢高、憍慠、放逸者，意謂之息。比丘！若意息者，便不憎、不憂、不勞、不怖。所以者何？彼比丘成就法故，不復有可說憎者，若不憎則不憂，不憂則不愁，不愁則不勞，不勞則不怖，因不怖便當般涅槃：生已盡，梵行已立，所作已辦，不更受有，知如真。」

說此法已，尊者弗迦邏娑利遠塵離垢，諸法法眼生。於是尊者弗迦邏娑利見法得法，覺白淨法，斷疑度惑，更無餘尊，不復由他，無有猶豫，已住果證，於世尊法得無所畏，即從坐起，稽首佛足，白曰

：「世尊！我悔過。善逝！我自首。如愚如癡，如不定，如不善解，不識良田，不能自知。所以者何？以我稱如來、無所著、等正覺為君也。唯願世尊聽我悔過！我悔過已，後不更作。」

世尊告曰：「比丘！汝實愚癡，汝實不定，汝不善解，謂稱如來、無所著、等正覺為君也。比丘！若汝能自悔過，見已發露，護不更作者，比丘！如是則於聖法律中益而不損，謂能自悔過，見已發露，護不更作。」

佛說如是，尊者弗迦邏娑利聞佛所說，歡喜奉行。

分別六界經第一竟三千一百三十一字

（一六三）中阿含根本分別品分別六處經第二（第四分別誦）

我聞如是：一時，佛遊舍衛國，在勝林給孤獨園。

爾時世尊告諸比丘：「我當為汝說法，初妙、中妙、竟亦妙，有義有文，具足清淨，顯現梵行，謂分別六處經。諦聽！諦聽！善思念之。」

時諸比丘白曰：「世尊！唯當受教。」

佛言：「汝等六處當知內也，六更樂處當知內，十八意行當知內，三十六刀當知內，於中斷彼成就是，無量說法當知內。三意止，謂聖人所習，聖人所習已，衆可教；無上調御士者，調御士趣一切方。

是謂分別六處經事。

「六處當知內者，此何因說？謂眼處，耳、鼻、舌、身、意處。六處當知內者，因此故說。六更樂處當知內者，此何因說？謂眼更樂為見色，耳更樂為聞聲，鼻更樂為嗅香，舌更樂為嘗味，身更樂為覺觸，意更樂為知法。六更樂處當知內者，因此故說。

「十八意行當知內者，此何因說？比丘者，眼見色已，分別色喜住，分別色憂住，分別色捨住。如是耳、鼻、舌、身，意知法已，分別法喜住，分別法憂住，分別法捨住。是謂分別六喜、分別六憂、分別六捨，總說十八意行。十八意行當知內者，因此故說。

「三十六刀當知內者，此何因說？有六喜依著，有六喜依無欲；

有六憂依著，有六憂依無欲；有六捨依著，有六捨依無欲。

「云何六喜依著？云何六喜依無欲？眼見色已生喜，當知二種，或依著，或依無欲。云何喜依著？眼知色可喜、意念、愛色、欲相應樂，未得者欲得，已得者憶已生喜，如是喜是謂喜依著。云何喜依無欲？知色無常、變易，盡、無欲、滅、息，前及今一切色無常、苦、滅法，憶已生喜，如是喜是謂喜依無欲。如是耳、鼻、舌、身，意知法已生喜，當知二種，或依著，或依無欲。云何喜依著？意知法可喜、意念、愛法、欲相應樂，未得者欲得，已得者憶已生喜，如是喜是謂喜依著。云何喜依無欲？知法無常、變易，盡、無欲、滅、息，前及今一切法無常、苦、滅法，憶已生喜，如是喜是謂喜依無欲。

「云何六憂依著？云何六憂依無欲？眼見色已生憂，當知二種，或依著，或依無欲。云何憂依著？眼知色可喜、意念、愛色、欲相應樂，未得者不得，已得者過去、散壞、滅、變易、生憂，如是憂是謂憂依著。云何憂依無欲？知色無常、變易，盡、無欲、滅、息，前及今一切色無常、苦、滅法，憶已作是念：我何時彼處成就遊？謂處諸聖人成就遊。是為上具觸願恐怖，知苦憂生憂，如是憂是謂憂依無欲。如是耳、鼻、舌、身，意知法已生憂，當知二種，或依著，或依無欲。云何憂依著？意知法可喜、意念、愛法、欲相應樂，未得者不得，已得者過去、散壞、滅、變易、生憂，如是憂是謂憂依著。云何憂依無欲？知法無常、變易，盡、無欲、滅、息，前及今一切法無常、苦、滅法，憶已作是念：我何時彼處成就遊？謂處諸聖人成就遊。是為上具觸願恐怖，知苦憂生憂，如是憂是謂憂依無欲。

「云何六捨依著？云何六捨依無欲？眼見色已生捨，當知二種，或依著，或依無欲。云何捨依著？眼知色生捨，彼平等、不多聞、無智慧愚癡凡夫，為色有捨，不離色，是謂捨依著。云何捨依無欲？知色無常、變易，盡、無欲、滅、息，前及今一切色無常、苦、滅法，憶已捨住，若有至意修習捨，是謂捨依無欲。如是耳、鼻、舌、身，意知法已生捨，當知二種，或依著，或依無欲。云何捨依著？意知法生捨，平等、不多聞、無智慧愚癡凡夫，為法有捨，不離法，是謂捨依著。云何捨依無欲？意知法無常、變易，盡、無欲、滅、息，前及今一切法無常、苦、滅法，憶已捨住，若有至意修習捨，是謂捨依無欲。

「是為六喜依著，六喜依無欲；六憂依著，六憂依無欲；六捨依著，六捨依無欲，總說三十六刀。當知內者，因此故說。

「於中斷彼成就是者，此何因說？謂此六喜依無欲，取是、依是、住是也。謂此六喜依著，滅彼、除彼、吐彼，如是斷彼也。謂此六憂依無欲，取是、依是、住是也。謂此六憂依著，滅彼、除彼、吐彼，如是斷彼也。謂此六捨依無欲，取是、依是、住是也。謂此六憂依無欲，取是、依是、住是也。謂此六捨依著，滅彼、除彼、吐彼，如是斷彼也。謂此六喜依無欲，滅彼、除彼、吐彼，如是斷彼也。謂此六捨依無欲，取是、依是、住是也。謂此六憂依無欲，滅彼、除彼、吐彼，如是斷彼也。

「有捨無量更樂、若干更樂，有捨一更樂、不若干更樂。云何有捨無量更樂、若干更樂？若捨為色、為聲、為香、為味、為觸，此捨無量更樂、若干更樂。云何捨一更樂、不若干更樂？謂捨或依無量空處，或依無量識處，或依無所有處，或依非有想非無想處，此捨一更樂、不若干更樂。謂此捨有一更樂、不若干更樂，取是、依是、住是也。謂此捨有無量更樂、若干更樂，滅彼、除彼、吐彼，如是斷彼也。取無量、依無量、住無量，謂此捨有一更樂、不若干更樂，取是、依是、住是也。謂此捨有無量更樂、若干更樂，滅彼、除彼、吐彼，如是斷彼也。於中斷彼成就是者，因此故說。

「無量說法當知內者，此何因說？如來有四弟子，有增上行、有增上意、有增上念、有增上慧，有辯才成就第一辯才，壽活百歲，如來為彼說法滿百年。除飲食時、大小便時、睡眠息時及聚會時，彼如來所說法，文句法句觀義，以慧而速觀義，不復更問於如來法。所以者何？如來說法無有極不可盡法，文句法句觀義，乃至四弟子命終。猶如四種善射之人，挽彊俱發，善學善知，而有方便，速徹過去。如是，世尊有四弟子，有增上行、有增上意、有增上念、有增上慧，有辯才成就第一辯才，壽活百歲，如來為彼說法滿百年。除飲食時、大小便時、睡眠息時及聚會時，彼如來所說法，文句法句觀義，以慧而速觀義，不復更問於如來法。所以者何？如來無極不可盡。無量說法當知內者，因此故說。

「三意止，謂聖人所習，聖人所習已，衆可教者，此何因說？若如來為弟子說法，憐念愍傷，求義及饒益，求安隱快樂，發慈悲心，是為饒益，是為快樂，是為饒益樂。若彼弟子而不恭敬，亦不順行，不立於智，其心不趣向法次法，不受正法，違世尊教，不能得定者；世尊不以此為憂慼也，但世尊捨無所為，常念常智。是謂第一意止，謂聖人所習，聖人所習已，衆可教也。

「復次，如來為弟子說法，憐念愍傷，求義及饒益，求安隱快樂，發慈悲心，是為饒益，是為快樂，是為饒益樂。若彼弟子恭敬順行而立於智，其心歸趣向法次法，受持正法，不違世尊教，能得定者；世尊不以此為歡喜也，但世尊捨無所為，常念常智。是謂第二意止，謂聖人所習，聖人所習已，衆可教也。

「復次，如來為弟子說法，憐念愍傷，求義及饒益，求安隱快樂，發慈悲心，是為饒益，是為快樂，是為饒益樂。或有弟子而不恭敬，亦不順行，不立於智，其心不趣向法次法，不受正法，違世尊教，不能得定者；或有弟子恭敬順行而立於智，其心歸趣向法次法，受持正法，不違世尊教，能得定者；世尊不以此為憂慼，亦不歡喜，但世尊捨無所為，常念常智。是謂第三意止，謂聖人所習，聖人所習已，衆可教也。

「三意止，謂聖人所習，聖人所習已，衆可教者，因此故說。

「無上調御士者，調御士趣一切方者，此何因說？調御士者，此說調御士趣一方，或東方、或南方、或西方、或北方。調御象者，調御象趣一方，或東方，或南、西、北方。調御馬者，調御馬趣一方，或東方，或南、西、北方。調御牛者，調御牛趣一方，或東方，或南、西、北方也。無上調御士者，調御士趣一切方，於中方者色觀色，是謂第一方。內無色想，外觀色，是謂第二方。淨解脫身觸成就遊，是謂第三方。度一切色想，滅有對想，不念若干想，無量空，是無量空處成就遊，是謂第四方。度一切無量空處，無量識，是無量識處成就遊，是謂第五方。度一切無量識處，無所有，是無所有處成就遊，是謂第六方。度一切無所有處，非有想非無想，是非有想非無想處成就遊，是謂第七方。度一切非有想非無想處，想知滅盡身觸成就遊，慧觀漏盡斷智，是謂第八方。無上調御士者，調御士趣一切方者，因此故說。」

佛說如是，彼諸比丘聞佛所說，歡喜奉行。

分別六處經第二竟二千五百一十二字

（一六四）中阿含根本分別品分別觀法經第三第四分別誦

我聞如是：一時，佛遊舍衛國，在勝林給孤獨園。

爾時世尊告諸比丘：「我當為汝說法，初妙、中妙、竟亦妙，有義有文，具足清淨，顯現梵行，謂分別觀法經。諦聽！諦聽！善思念之。」

時諸比丘白曰：「世尊！唯當受教。」

佛言：「比丘！如是如是觀，如汝觀已，比丘！心出外灑散，心不住內，不受而恐怖。比丘！如是如是觀，如汝觀已，比丘！心不出外不灑散，心住內，不受不恐怖，如是不復生、老、病、死，是說苦邊。」

佛說如是已，即從坐起，入室燕坐。

於是諸比丘便作是念：「諸賢！當知世尊略說此義，不廣分別，即從坐起，入室燕坐：『比丘！如是如是觀，如汝觀已，比丘！心出外灑散，心不住內，不受而恐怖。比丘！如是如是觀，如汝觀已，比丘！心不出外不灑散，心住內不受不恐怖，如是不復生、老、病、死，是說苦邊。』」

彼復作是念：「諸賢！誰能廣分別世尊向所略說義？」

彼復作是念：「尊者大迦旃延常為世尊之所稱譽，及諸智梵行人。尊者大迦旃延能廣分別世尊向所略說義。諸賢！共往詣尊者大迦旃延所請說此義。若尊者大迦旃延為分別者，我等當善受持！」

於是諸比丘往詣尊者大迦旃延所，共相問訊，却坐一面，白曰：「尊者大迦旃延！當知世尊略說此義，不廣分別，即從坐起，入室燕坐：『比丘！如是如是觀，如汝觀已，比丘！心出外灑散，心不住內，不受而恐怖。比丘！如是如是觀，如汝觀已，比丘！心不出外不灑散，心住內，不受不恐怖，如是不復生、老、病、死，是說苦邊。』我等便作是念：『諸賢！誰能廣分別世尊向所略說義？』我等復作是念：『尊者大迦旃延常為世尊之所稱譽，及諸智梵行人。尊者大迦旃延能廣分別世尊向所略說義。』唯願尊者大迦旃延為慈愍故而廣說之！」

爾時尊者大迦旃延告曰：「諸賢！聽我說喻，慧者聞喻則解其義。諸賢！猶如有人欲得求實，為求實故，持斧入林。彼見大樹成根、莖、節、枝、葉、花、實，彼人不觸根、莖、節、實，但觸枝、葉。諸賢所說亦復如是，世尊現在捨來就我而問此義。所以者何？諸賢！當知世尊是眼、是智、是義，是法、法主、法將，說真諦義，現一切義，由彼世尊。諸賢！應往詣世尊所而問此義：『世尊！此云何？此何義？』如世尊說者，諸賢等當善受持。」

時諸比丘白曰：「唯然，尊者大迦旃延！世尊是眼、是智、是義，是法、法主、法將；說真諦義，現一切義，由彼世尊。我等應往詣世尊所而問此義：『世尊！此云何？此何義？』如世尊說者，我等當善受持。然尊者大迦旃延常為世尊之所稱譽，及諸智梵行人。尊者大迦旃延能廣分別世尊向所略說義。唯願尊者大迦旃延為慈愍故而廣說之！」

尊者大迦旃延告諸比丘：「諸賢等！共聽我所說。諸賢！云何比丘心出外灑散？諸賢！比丘眼見色，識食色相，識著色樂相，識縛色樂相，彼色相味結縛，心出外灑散；如是耳、鼻、舌、身，意知法，識食法相，識著法樂相，識縛法樂相，彼法相味結縛，心出外灑散。諸賢！如是比丘心出外灑散。諸賢！云何比丘心不出外灑散？諸賢！比丘眼見色，識不食色相，識不著色樂相，識不縛色樂相，彼色相味不結縛，心不出外灑散；如是耳、鼻、舌、身，意知法，識不食法相，識不著法樂相，識不縛法樂相，彼法相味不結縛，心不出外灑散。諸賢！如是比丘心不出外灑散。

「諸賢！云何比丘心不住內？諸賢！比丘離欲、離惡不善之法，有覺有觀，離生喜樂，得初禪成就遊。彼識著離味，依彼住彼，緣彼縛彼，識不住內。復次，諸賢！比丘覺觀已息，內靜一心，無覺無觀，定生喜樂，得第二禪成就遊。彼識著定味，依彼住彼，緣彼縛彼，識不住內。復次，諸賢！比丘離於喜欲，捨無求遊，正念正智而身覺樂，謂聖所說、聖所捨、念、樂住、室，得第三禪成就遊。彼識著無喜味，依彼住彼，緣彼縛彼，識不住內。復次，諸賢！比丘樂滅苦滅，喜憂本已滅，不苦不樂，捨、念清淨，得第四禪成就遊。彼識著捨及念清淨味，依彼住彼，緣彼縛彼，識不住內。

「復次，諸賢！比丘度一切色想，滅有對想，不念若干想，無量空，是無量空處成就遊。彼識著空智味，依彼住彼，緣彼縛彼，識不住內。復次，諸賢！比丘度一切無量空處，無量識，是無量識處成就遊。彼識著識智味，依彼住彼，緣彼縛彼，識不住內。復次，諸賢！

比丘度一切無量識處，無有所，是無所有處成就遊。彼識著無所有智味，依彼住彼，緣彼縛彼，識不住內。復次，諸賢！比丘度一切無所有處，非有想非無想，是非有想非無想處成就遊。彼識著無想智味，依彼住彼，緣彼縛彼，識不住內。諸賢！如是比丘心不住內。

「諸賢！云何比丘心住內？諸賢！比丘離欲、離惡不善之法，有覺有觀，離生喜樂，得初禪成就遊。彼識不著離味，不依彼不住彼，不緣彼不縛彼，識住內也。復次，諸賢！比丘覺觀已息，內靜一心，無覺無觀，定生喜樂，得第二禪成就遊。彼識不著定味，不依彼不住彼，不緣彼不縛彼，識住內也。復次，諸賢！比丘離於喜欲，捨無求遊，正念正智而身覺樂，謂聖所說、聖所捨、念、樂住、室，得第三禪成就遊。彼識不著無喜味，不依彼不住彼，不緣彼不縛彼，識住內也。復次，諸賢！比丘樂滅苦滅，喜憂本已滅，不苦不樂，捨、念清淨，得第四禪成就遊。識不著捨及念清淨味，不依彼不住彼，不緣彼不縛彼，識住內也。

「復次，諸賢！比丘度一切色想，滅有對想，不念若干想，無量空，是無量空處成就遊。彼識不著空智味，不依彼不住彼，不緣彼不縛彼，識住內也。復次，諸賢！比丘度一切無量空處，無量識，是無量識處成就遊。彼識不著識智味，不依彼不住彼，不緣彼不縛彼，識住內也。復次，諸賢！比丘度一切無量識處，無所有，是無所有處成就遊。彼識不著無所有智味，不依彼不住彼，不緣彼不縛彼，識住內也。復次，諸賢！比丘度一切無所有處，非有想非無想，是非有想非無想處成就遊。彼識不著無想智味，不依彼不住彼，不緣彼不縛彼，識住內也。諸賢！如是比丘心住內也。

「諸賢！云何比丘不受而恐怖？諸賢！比丘不離色染，不離色欲，不離色愛，不離色渴。諸賢！若有比丘不離色染，不離色欲，不離色愛，不離色渴者，彼欲得色、求色、著色、住色，色即是我，色是我有。⊙彼欲得色、著色、住色，色即是我，色是我有已，識捫摸色。識捫摸色已，變易彼色時，識轉於色。識轉於色已，彼生恐怖法，心住於中。因心不知故，便怖懼煩勞，不受而恐怖。如是覺、想、行，比丘不離識染，不離識欲，不離識愛，不離識渴。諸賢！若有比丘不離識染，不離識欲，不離識愛，不離識渴者，彼欲得識、求識、著識、住識，識即是我，識是我有。彼欲得識、求識、著識、住識，識即是我，識是我有已，識捫摸識。識捫摸識已，變易彼識時，識轉於識。識轉於識已，彼生恐怖法，心住於中。因心不知故，便怖懼煩勞，不受而恐怖。諸賢！如是比丘不受恐怖。

「諸賢！云何比丘不受不恐怖？諸賢！比丘離色染、離色欲、離色愛、離色渴。諸賢！若有比丘離色染、離色欲、離色愛、離色渴者，彼不欲得色、不求色、不著色、不住色，色非是我，色非我有。彼不欲得色、不求色、不著色、不住色，色非是我，色非我有已，識不捫摸色。識不捫摸色已，變易彼色時，識不轉於色。識不轉於色已，彼不生恐怖法，心不住中。因心知故，便不怖懼、不煩勞，不受、不恐怖。如是覺、想、行，比丘離識染、離識欲、離識愛、離識渴。諸賢！若有比丘離識染、離識欲、離識愛、離識渴者，彼不欲得識、不求識、不著識、不住識，非是我，識非我有。彼不欲得識、不求識、不著識、不住識，⊙識非是我，識非我有已，識不捫摸識。識不捫摸識已，變易彼識時，識不轉於識。識不轉於識已，彼不生恐怖法，心不住中。因心知故，便不怖懼、不煩勞，不受、不恐怖。諸賢！如是比丘不受不恐怖。

「諸賢！謂世尊略說此義，不廣分別，即從坐起，入室燕坐：『比丘！如是如是觀，如汝觀已，比丘！心出外灑散，心不住內，不受而恐怖。比丘！如是如是觀，如汝觀已，比丘！心不出外不灑散，心住內，不受不恐怖，如是不復生、老、病、死，是說苦邊。』此世尊略說，不廣分別義，我以此句、以此文廣說如是。諸賢！可往向佛具陳，若如世尊所說義者，諸賢等便可受持。」

於是諸比丘聞尊者大迦旃延所說，善受持誦，即從坐起，繞尊者大迦旃延三匝而去。往詣佛所，稽首作禮，却坐一面，白曰：「世尊！向世尊略說此義，不廣分別，即從坐起，入室燕坐。尊者大迦旃延以此句、以此文而廣說之。」

世尊聞已，嘆曰：「善哉！善哉！我弟子中有眼、有智、有法、有義。所以者何？謂師為弟子略說此義，不廣分別，彼弟子以此句、以此文而廣說之。如迦旃延比丘所說，汝等應當如是受持！所以者何？以說觀義應如是也。」

佛說如是，彼諸比丘聞佛所說，歡喜奉行。

分別觀法經第三竟（二千七百五十一字）

中阿含經卷第四十二（八千三百九十四字）

中阿含經卷第四十三

東晉罽賓三藏瞿曇僧伽提婆譯

（一六五）根本分別品溫泉林天經第四第四分別誦

我聞如是：一時，佛遊王舍城，在竹林迦蘭哆園。

爾時尊者三彌提亦遊王舍城，住溫泉林。於是尊者三彌提夜將向旦，從房而出，往詣溫泉，脫衣岸上，入溫泉浴，浴已還出，拭體著衣。

爾時有一天形體極妙，色像巍巍，夜將向旦，往詣尊者三彌提所，稽首作禮，却住一面。彼天色像威神極妙，光明普照於溫泉岸。彼天却住於一面已，白尊者三彌提曰：「比丘！受持跋地羅帝偈耶？」

尊者三彌提答彼天曰：「我不受持跋地羅帝偈也。」尋問彼天：汝受持跋地羅帝偈耶？」

彼天答曰：「我亦不受持跋地羅帝偈也。」

尊者三彌提復問彼天：「誰受持跋地羅帝偈耶？」

彼天答曰：「世尊遊此王舍城，在竹林迦蘭哆園，彼受持跋地羅帝偈也。比丘！可往面從世尊，善受持誦跋地羅帝偈。所以者何？跋地羅帝偈者，有法有義，為梵行本，趣智、趣覺、趣於涅槃。族姓者至信捨家無家學道，當以跋地羅帝偈善受持誦。」

彼天說如是，稽首尊者三彌提足，繞三匝已，即彼處沒。

於是尊者三彌提，天沒不久，往詣佛所，稽首作禮，却坐一面，白曰：「世尊！我於今日夜將向旦，出房往詣彼溫泉所，脫衣岸上，入溫泉浴，浴已便出，住岸拭身。爾時有一天形體極妙，色像巍巍，夜將向旦，來詣我所，稽首作禮，却住一面。彼天色像威神極妙，光明普照於溫泉岸。彼天却住於一面已，而白我曰：『比丘！受持跋地羅帝偈耶？』我答彼天：『不受持跋地羅帝偈也。』我問彼天：『汝受持跋地羅帝偈耶？』彼天答曰：『我亦不受持跋地羅帝偈也。』我復問◎天：『誰受持跋地羅帝偈耶？』彼天答曰：『世尊遊此王舍城，住竹林迦蘭哆園，彼受持跋地羅帝偈也。比丘可往面從世尊，善受持誦跋地羅帝偈。所以者何？跋地羅帝偈者，有義有法，為梵行本，趣智、趣覺、趣於涅槃。族姓者至信捨家無家學道，當以跋地羅帝偈善受持誦。』彼天說如是，稽首我足，繞三匝已，即彼處沒。」

世尊問曰：「三彌提！汝知彼天從何處來？彼天名何耶？」

尊者三彌提答曰：「世尊！我不知彼天從何所來，亦不知名也。」

世尊告曰：「三彌提！彼天子名正殿，為三十三天軍將。」

於是尊者三彌提白曰：「世尊！今正是時。善逝！今正是時。若世尊為諸比丘說跋地羅帝偈者，諸比丘從世尊聞已當善受持。」

世尊告曰：「三彌提！諦聽！諦聽！善思念之，我當為汝說。」

尊者三彌提白曰：「唯然。」

時諸比丘受教而聽，佛言：

慎莫念過去，　亦勿願未來，　過去事已滅，　未來復未至。

現在所有法，　彼亦當為思，　念無有堅強，　慧者覺如是。

若作聖人行，　孰知愁於死？　我要不會彼，　大苦災患終。

如是行精勤，　晝夜無懈怠，　是故常當說，　跋地羅帝偈。

佛說如是，即從座起，入室宴坐。於是諸比丘便作是念：「諸賢！當知世尊略說此教，不廣分別，即從座起，入室宴坐：

慎莫念過去，　亦勿願未來，　過去事已滅，　未來復未至。

現在所有法，　彼亦當為思，　念無有堅強，　慧者覺如是。

若作聖人行，　孰知愁於死？　我要不曾彼，　大苦災患終。
如是行精勤，　晝夜無懈怠，　是故常當說，　跋地羅帝偈。」

彼復作是念：「諸賢！誰能廣分別世尊向所略說義？」

彼復作是念：「尊者大迦旃延常為世尊之所稱譽，及諸智梵行人。尊者大迦旃延能廣分別世尊向所略說義。諸賢！共往詣尊者大迦旃延所請說此義，若尊者大迦旃延為分別者，我等當善受持。」

於是諸比丘往詣尊者大迦旃延所，共相問訊，却坐一面，白曰：「尊者大迦旃延！當知世尊略說此教，不廣分別，即從座起，入室宴坐：

慎莫念過去，　亦勿願未來，　過去事已滅，　未來復未至。

現在所有法，　彼亦當為思，　念無有堅強，　慧者覺如是。
若學聖人行，　孰知愁於死？　我要不會彼，　大苦災患終。
如是行精勤，　晝夜無懈怠，　是故常當說，　跋地羅帝偈。

「我等便作是念：『諸賢！誰能廣分別世尊向所略說義？』我等復作是念：『尊者大迦旃延常為世尊之所稱譽，及諸智梵行人。尊者大迦旃延能廣分別世尊向所略說義。』唯願尊者大迦旃延為慈愍故而廣說之！」

尊者大迦旃延告曰：「諸賢！聽我說喻，慧者聞喻則解其義。諸賢！猶如有人欲得求實，為求實故，持斧入林。彼見大樹成根、莖、節、枝、葉、華、實，彼人不觸根、莖、節、實，但觸枝、葉。諸賢所說亦復如是，世尊現在捨來就我面問此義。所以者何？諸賢！當知世尊是眼、是智、是義，是法、法主、法將，說真諦義，現一切義，由彼世尊。諸賢應往詣世尊所而問此義：『世尊！此云何？此何義？』如世尊說者，諸賢等當善受持。」

時諸比丘白曰：「唯然，尊者大迦旃延！世尊是眼、是智、是義，是法、法主、法將，說真諦義，現一切義，由彼世尊。我等應往詣世尊所而問此義：『世尊！此云何？此何義？』如世尊說者，我等當善受持。然尊者大迦旃延常為世尊之所稱譽，及諸智梵行人。尊者大迦旃延能廣分別世尊向所略說義。唯願尊者大迦旃延為慈愍故而廣說之！」

尊者大迦旃延告諸比丘：「諸賢等！共聽我所說。

「諸賢！云何比丘念過去耶？諸賢！比丘實有眼知色可喜、意所念，愛色欲相應心樂搆摸本，本即過去也。彼為過去識欲染著；因識欲染著已，則便樂彼；因樂彼已，便念過去。如是耳、鼻、舌、身，實有意知法可喜、意所念，愛法欲相應心樂搆摸本，本即過去也。彼為過去識欲染著；因識欲染著已，則便樂彼；因樂彼已，便念過去。諸賢！如是比丘念過去也。諸賢！云何比丘不念過去？諸賢！比丘實有眼知色可喜、意所念，愛色欲相應心樂搆摸本，本即過去也。彼為過去識不欲染著；因識不欲染著已，則便不樂彼；因不樂彼已，便不念過去。如是耳、鼻、舌、身，實有意知法可喜、意所念，愛法欲相應心樂捫摸本，本即過去也。彼為過去識不欲染著；因識不欲染著已，則便不樂彼；因不樂彼已，便不念過去。諸賢！如是比丘不念過去。

「諸賢！云何比丘願未來耶？諸賢！比丘若有眼、色、眼識未來者，彼未得欲得，已得心願；因心願已，則便樂彼；因樂彼已，便願未來。如是耳、鼻、舌、身，若有意、法、意識未來者，未得欲得，已得心願；因心願已，則便樂彼；因樂彼已，便願未來。諸賢！如是比丘願未來也。諸賢！云何比丘不願未來？諸賢！比丘若有眼、色、眼識未來者，未得不欲得，已得心不願；因心不願已，則便不樂彼；因不樂彼已，便不願未來。如是耳、鼻、舌、身，若有意、法、意識未來者，未得不欲得，已得心不願；因心不願已，則便不樂彼；因不樂彼已，便不願未來。諸賢！如是比丘不願未來也。

「諸賢！云何比丘受現在法？諸賢！比丘若有眼、色、眼識現在者，彼於現在識欲染著；因識欲染著已，則便樂彼；因樂彼已，便受現在法。如是耳、鼻、舌、身，若有意、法、意識現在者，彼於現在識欲染著；因識欲染著已，則便樂彼；因樂彼已，便受現在法。諸賢！如是比丘受現在法也。諸賢！云何比丘不受現在法？諸賢！比丘若有眼、色、眼識現在者，彼於現在識不欲染著；因識不欲染著已，則便不樂彼；因不樂彼已，便不受現在法。如是耳、鼻、舌、身，若有意、法、意識現在者，彼於現在識不欲染著；因識不欲染著已，則便不樂彼；因不樂彼已，便不受現在法。諸賢！如是比丘不受現在法。

「諸賢！謂世尊略說此教，不廣分別，即從座起，入室宴坐：

慎莫念過去，　亦勿願未來，　過去事已滅，　未來復未至。

現在所有法，　彼亦當為思，　念無有堅強，　慧者覺如是。

若學聖人行，　孰知愁於死？　我要不會彼，　大苦災患終。

如是行精勤，　晝夜無懈怠，　是故常當說，　跋地羅帝偈。

「此世尊略說，不廣分別；我以此句、以此文，廣說如是。諸賢可往向佛具陳，若如世尊所說義者，諸賢等便可共受持。」

於是諸比丘聞尊者大迦旃延所說，善受持誦，即從座起，繞尊者大迦旃延三匝而去，往詣佛所，稽首作禮，却坐一面，白曰：「世尊！向世尊略說此教，不廣分別，即從座起，入室燕坐。尊者大迦旃延以此句、以此文，而廣說之。」

世尊聞已，嘆曰：「善哉！善哉！我弟子中有眼、有智、有法、有義。所以者何？謂師為弟子略說此教，不廣分別；彼弟子以此句、以此文，而廣說之。如大迦旃延比丘所說，汝等應當如是受持。所以者何？以說觀義應如是也。」

佛說如是，彼諸比丘聞佛所說，歡喜奉行。

溫泉林天經第四竟二千五百八十字

（一六六）中阿含根本分別品釋中禪室尊經第五第四分別誦

我聞如是：一時，佛遊舍衛國，在勝林給孤獨園。

爾時尊者盧夷強耆遊於釋中，在無事禪室。於是尊者盧夷強耆，夜將向旦，從彼禪室出，在露地禪室蔭中，於繩床上敷尼師檀，結跏趺坐。

爾時有一天形體極妙，色像巍巍，夜將向旦，往詣尊者盧夷強耆所，稽首作禮，却住一面。彼天色像威神極妙，光明普照於其禪室。彼天却住於一面已，白尊者盧夷強耆曰：「比丘！受持跋地羅帝偈及其義耶？」

尊者盧夷強耆答彼天曰：「我不受持跋地羅帝偈，亦不受義。」尋問彼天：「汝受持跋地羅帝偈及其義耶？」彼天答曰：「我受持跋地羅帝偈，然不受義。」

尊者盧夷強耆復問彼天：「云何受持跋地羅帝偈而不受義耶？」

彼天答曰：「一時，世尊遊王舍城，住竹林迦蘭哆園。爾時世尊為諸比丘說跋地羅帝偈：

慎莫念過去，亦勿願未來，過去事已滅，未來復未至。
現在所有法，彼亦當為思，念無有堅強，慧者覺如是。
若學聖人行，孰知愁於死？我要不會彼，大苦災患終。
如是行精勤，晝夜無懈怠，是故常當說，跋地羅帝偈。

「比丘！我如是受持跋地羅帝偈，不受持義。」

尊者盧夷強耆復問彼天：「誰受持跋地羅帝偈及其義耶？」

彼天答曰：「佛遊舍衛國，在勝林給孤獨園，彼受持跋地羅帝偈及其義也。比丘！可往面從世尊，善受持誦跋地羅帝偈及其義也。所以者何？跋地羅帝偈及其義者，有義有法，為梵行本，趣智、趣覺、趣於涅槃。族姓者至信捨家無家學道，當以跋地羅帝偈及其義善受持誦。」

彼天說如是，稽首尊者盧夷強耆足，繞三匝已，即彼處沒。

天沒不久，於是尊者盧夷強耆在釋中受夏坐訖，過三月已，補治衣竟，攝衣持鉢，往詣舍衞國，展轉進前，至舍衞國，住勝林給孤獨園。

爾時尊者盧夷強耆往詣佛所，稽首作禮，却坐一面，白曰：「世尊！我一時遊於釋中，在無事禪室。世尊！我於爾時夜將向旦，從彼禪室出，在露地禪室蔭中，於繩床上敷尼師檀，結跏趺坐。爾時有一天形體極妙，色像巍巍，夜將向旦，來詣我所，稽首作禮，卻住一面。彼天色像威神極妙，光明普照於其禪室。彼天卻住一面已，而白我曰：『比丘！受持跋地羅帝偈及其義耶？』我答彼天：『不受持跋地羅帝偈亦不受義。』尋問彼天：『汝受持跋地羅帝偈及其義耶？』彼天答曰：『我受持跋地羅帝偈，然不受義。』我復問天：『云何受持跋地羅帝偈而不受義耶？』天答我曰：『一時，佛遊王舍城，住竹林迦蘭哆園。爾時世尊為諸比丘說跋地羅帝偈：

慎莫念過去，　亦勿願未來，　過去事已滅，　未來復未至。

現在所有法，　彼亦當為思，　念無有堅強，　慧者覺如是。

若學聖人行，　孰知愁於死？　我要不會彼，　大苦災患終。
如是行精勤，　晝夜無懈怠，　是故常當說，　跋地羅帝偈。

「『比丘！我如是受持跋地羅帝偈，不受持義也。』我復問天：『誰受持跋地羅帝偈及其義*耶？』天答我曰：『佛遊舍衛國，在勝林給孤獨園，彼受持跋地羅帝偈及其義也。比丘可往面從世尊，善受持誦跋地羅帝偈及其義*也。所以者何？跋地羅帝偈及其義者，有義有法，為梵行本，趣智、趣覺、趣於涅槃，族姓者至信捨家無家學道，當以跋地羅帝偈及其義善受持誦。』彼天說如是，稽首我足，繞三匝已，即彼處沒。」

於是世尊問尊者盧夷強耆：「汝知彼天從何處來？彼天名何耶？」

尊者盧夷強耆答曰：「世尊！我不知彼天從何處來，亦不知名也。」

世尊告曰：「強耆！彼天子名般那，為三十三天軍將。」

彼時尊者盧夷強耆白曰：「世尊！今正是時。善逝！今正是時。若世尊為諸比丘說跋地羅帝偈及其義者，諸比丘從世尊聞已當善受持。」

世尊告曰：「強耆！諦聽！善思念之，我當為汝廣說其義。」

尊者盧夷強耆白曰：「唯然，當受教聽。」

佛言：

慎莫念過去，　亦勿願未來，　過去事已滅，　未來復未至。
現在所有法，　彼亦當為思，　念無有堅強，　慧者覺如是。
若作聖人行，　孰知愁於死？　我要不會彼，　大苦災患終。

如是行精勤，　晝夜無懈怠，
是故常當說，　跋地羅帝偈。

「強耆！云何比丘念過去耶，若比丘樂過去色，欲、著、住；樂過去覺、想、行、識，欲、著、住，如是比丘念過去也。強耆！云何比丘不念過去？若比丘不樂過去色，不欲、不著、不住；不樂過去覺、想、行、識，不欲、不著、不住，如是比丘不念過去。強耆！云何比丘願未來耶？若比丘樂未來色，欲、著、住；樂未來覺、想、行、識，欲、著、住，如是比丘願未來也。強耆！云何比丘不願未來？若比丘不樂未來色，不欲、不著、不住；不樂未來覺、想、行、識，不欲、不著、不住，如是比丘不願未來。強耆！云何比丘受現在法？若比丘樂現在色，欲、著、住；樂現在覺、想、行、識，欲、著、住，如是比丘受現在法。強耆！云何比丘不受現在法？若比丘不樂現在色，不欲、不著、不住；不樂現在覺、想、行、識，不欲、不著、不住，如是比丘不受現在法。」

佛說如是，尊者盧夷強耆及諸比丘聞佛所說，歡喜奉行。

釋中禪室尊經第五竟千五百三十六字

(一六七)中阿含根本分別品阿難說經第六第四分別誦

我聞如是：一時，佛遊舍衛國，在勝林給孤獨園。

爾時尊者阿難為諸比丘夜集講堂，說跋地羅帝偈及其義也。爾時有一比丘過夜平旦，往詣佛所，稽首作禮，却坐一面，白曰：「世尊！彼尊者阿難為諸比丘夜集講堂，說跋地羅帝偈及其義也。」

於是世尊告一比丘：「汝往至阿難比丘所，作如是語：『阿難！世尊呼汝。』」

彼一比丘受世尊教，即從座起，稽首佛足，繞三匝而去，往至尊者阿難所而語曰：「世尊呼尊者阿難。」

尊者阿難即往佛所，稽首作禮，却住一面。世尊問曰：「阿難！汝實為諸比丘夜集講堂，說跋地羅帝偈及其義耶？」

尊者阿難答曰：「唯然。」

世尊問曰：「阿難！汝云何為諸比丘說跋地羅帝偈及其義耶？」

尊者阿難即便說曰：

慎莫念過去，　亦勿願未來，　過去事已滅，　未來復未至。
現在所有法，　彼亦當為思，　念無有堅強，　慧者覺如是。
*若作聖人行，　孰知愁於死？　我要不會彼，　大苦災患終。
如是行精*勤，　晝夜無懈怠，　是故常當說，　跋地羅帝偈。

世尊即復問曰：「阿難！云何比丘念過去耶？」

尊者阿難答曰：「世尊！若有比丘樂過去色，欲、著、住；樂過去覺、想、行、識，欲、著、住，如是比丘念過去也。」

世尊即復問曰：「阿難！云何比丘不念過去？」

尊者阿難答曰：「世尊！若比丘不樂過去色，不欲、不著、不住；不樂過去覺、想、行、識，不欲、不著、不住，如是比丘不念過去。」

世尊即復問曰：「阿難！云何比丘願未來耶？」

尊者阿難答曰：「世尊！若比丘樂未來色，欲、著、住；樂未來覺、想、行、識，欲、著、住，如是比丘願未來也。」

世尊即復問曰：「阿難！云何比丘不願未來？」

尊者阿難答曰：「世尊！若比丘不樂未來色，不欲、不著、不住；不樂未來覺、想、行、識，不欲、不著、不住，如是比丘不願未來。」

世尊即復問曰：「阿難！云何比丘受現在法？」

尊者阿難答曰：「世尊！若比丘樂現在色，欲、著、住；樂現在覺、想、行、識，欲、著、住，如是比丘受現在法。」

世尊即復問曰：「阿難！云何比丘不受現在法？」

尊者阿難答曰：「世尊！若比丘不樂現在色，不欲、不著、不住；不樂現在覺、想、行、識，不欲、不著、不住，如是比丘不受現在法。世尊！我以如是，為諸比丘夜集講堂，說跋地羅帝偈及其義也。」

於是世尊告諸比丘：「善哉！善哉！我弟子有眼、有智、有義、有法。所以者何？謂弟子在師面前如是句、如是文廣說此義。實如阿難比丘所說，汝等應當如是受持。所以者何？此說觀義應如是也。」

佛說如是，尊者阿難及諸比丘聞佛所說，歡喜奉行。

阿難說經第六竟七百七十二字

（一六八）中阿含根本分別品意行經第七 第四分別誦

我聞如是：一時，佛遊舍衛國，在勝林給孤獨園。

爾時世尊告諸比丘：「我今為汝說法，初妙、中妙、竟亦妙，有義有文，具足清淨，顯現梵行，謂分別意行經，如意行生。諦聽！諦聽！善思念之。」

時諸比丘受教而聽。

佛言：「云何意行生？若有比丘離欲、離惡不善之法，有覺有觀，離生喜樂，得初禪成就遊。彼此定樂欲住，彼此定樂欲住已，必有是處，住彼樂彼，命終生梵身天中。諸梵身天者，生彼住彼，受離生喜樂；及比丘住此，入初禪，受離生喜樂，此二離生喜樂無有差別，二俱等等。所以者何？先此行定，然後生彼。彼此定如是修、如是習、如是廣布，生梵身天中，如是意行生。

「復次，比丘覺觀已息，內*靜一心，無覺無觀，定生喜樂，得第二禪成就遊。彼此定樂欲住，彼此定樂欲住已，必有是處，住彼樂彼，命終生晃昱天中。諸晃昱天者，生彼住彼，受定生喜樂；及比丘住此，入第二禪，受定生喜樂，此二定生喜樂無有差別，二俱等等。所以者何？先此行定，然後生彼。彼此定如是修、如是習、如是廣布，生晃昱天中，如是意行生。

「復次，比丘離於喜欲，捨無求遊，正念正智而身覺樂，謂聖所說、聖所捨、念、樂住、室，得第三禪成就遊。彼此定樂欲住，彼此定樂欲住已，必有是處，住彼樂彼，命終生遍淨天中。諸遍淨天者，生彼住彼，受無喜樂，及比丘住此，入第三禪，受無喜樂，此二無喜樂無有差別，二俱等等。所以者何？先此行定，然後生彼。彼此定如是修、如是習、如是廣布，生遍淨天中，如是意行生。

「復次，比丘樂滅苦滅，喜憂本已滅，不苦不樂，捨、念清淨，得第四禪成就遊。彼此定樂欲住，彼此定樂欲住已，必有是處，住彼樂彼，命終生果實天中。諸果實天者，生彼住彼，受捨、念清淨樂；及比丘住此，入第四禪，受捨、念清淨樂，此二捨、念清淨樂無有差別，二俱等等。所以者何？先此行定，然後生彼。彼此定如是修、如是習、如是廣布，生果實天中，如是意行生。

「復次，比丘度一切色想，滅有對想，不念若干想，無量空，是無量空處成就遊。彼此定樂欲住，彼此定樂欲住已，必有是處，住彼樂彼，命終生無量空處天中。諸無量空處天者，生彼住彼，受無量空處想；及比丘住此，受無量空處想，此二無量空處想無有差別，二俱等等。所以者何？先此行定，然後生彼。彼此定如是修、如是習、如是廣布，生無量空處天中，如是意行生。

「復次，比丘度無量空處，無量識，是無量識處成就遊。彼此定樂欲住，彼此定樂欲住已，必有是處，住彼樂彼，命終生無量識處天中。諸無量識處天者，生彼住彼，受無量識處想；及比丘住此，受無量識處想，此二無量識處想無有差別，二俱等等。所以者何？先此行定，然後生彼。彼此定如是修、如是習、如是廣布，生無量識處天中，如是意行生。

「復次，比丘度無量識處，無所有，是無所有處成就遊。彼此定樂欲住，彼此定樂欲住已，必有是處，住彼樂彼，命終生無所有處天中。諸無所有處天者，生彼住彼，受無所有處想；及比丘住此，受無所有處想，此二無所處想無有差別，二俱等等。所以者何？先此行定，然後生彼。彼此定如是修、如是習、如是廣布，生無所有處天中，如是意行生。

「復次，比丘度一切無所有處想，非有想非無想，是非有想非無想處成就遊。彼此定樂欲住，彼此定樂欲住已，必有是處，住彼樂彼，命終生非有想非無想處天中。諸非有想非無想處天者，生彼住彼，受非有想非無想處想；及比丘住此，受非有想非無想處想，此二想無有差別，二俱等等。所以者何？先此行定，然後生彼。彼此定如是修、如是習、如是廣布，生非有想非無想處天中，如是意行生。

「復次，比丘度一切非有想非無想處想，知滅身觸成就遊，慧見諸漏盡斷智。彼諸定中，此定說最第一、最大、最上、最勝、最妙。猶如因牛有乳，因乳有酪，因酪有生酥，因生酥有熟酥，因熟酥有酥精，酥精者說最第一、最大、最上、最勝、最妙。如是彼諸定中，此定說最第一、最大、最上、最勝、最妙。得此定、依此定、住此定已，不復受生老病死苦，是說苦邊。」

佛說如是，彼諸比丘聞佛所說，歡喜奉行。

意行經第七竟千三百十九字

（一六九）中阿含根本分別品拘樓瘦無諍經第八第四分別誦

我聞如是：一時，佛遊婆奇瘦劍磨瑟曇拘樓都邑。

爾時世尊告諸比丘：「我當為汝說法，初妙、中妙、竟亦妙，有義有文，具足清淨，顯現梵行，名分別無諍經。諦聽！諦聽！善思念之。」

時諸比丘受教而聽，佛言：「莫求欲樂極下賤業，為凡夫行；亦莫求自身苦行，至苦非聖行，無義相應。離此二邊則有中道，作眼成智，自在成定，趣智、趣覺、趣於涅槃。有稱有譏、有無稱無譏而為說法。決定於齊，決定知已，所有內樂*當求彼也。莫相*道說，亦莫面前稱譽。齊限說，莫求齊限。隨國俗法，莫是莫非。此分別無諍經事。

「莫求欲樂極下賤業，為凡夫行；亦莫求自身苦行，至苦非聖行，無義相應者，此何因說？莫求欲樂極下賤業，為凡夫行，是說一邊；亦莫求自身苦行，至苦非聖行，無義相應者，是說二邊。莫求欲樂極下賤業，為凡夫行；亦莫求自身苦行，至苦非聖行，無義相應者，因此故說。

「離此二邊則有中道，成眼成智，自在成定，趣智、趣覺、趣涅槃者，此何因說？有聖道八支，正見乃至正定，是謂為八。離此二邊則有中道，成眼成智，自在成定，趣智、趣覺、趣涅槃者，因此故說。

「有稱有譏、有無稱無譏而為說法者，此何因說？云何為稱？云何為譏？而不說法？若有欲相應與喜樂俱極下賤業，為凡夫行，此法有苦、有煩、有熱、有憂慼邪行。彼知此已，則便自譏。所以者何？欲者無常、苦、磨滅法。彼知欲無常已，是故彼一切有苦、有煩、有熱、有憂慼邪行。彼知此已，是故便自譏。自身苦行，至苦非聖行，無義相應，此法有苦、有煩、有熱、有憂慼邪行。彼知此已，則便自譏。所以者何？彼沙門、梵志所可畏苦，剃除鬚髮，著袈裟衣，至信捨家無家學道者；彼沙門、梵志復抱此苦，是故彼一切有苦、有煩、有熱、有憂慼邪行。彼知此已，是故便自譏。

「有結不盡，此法有苦、有煩、有熱、有憂慼邪行。彼知此已，則便自譏。所以者何？若有結不盡者，彼有亦不盡，是故彼一切有煩、有熱、有憂慼邪行。彼知此已，是故便自譏也。有結盡者，此法無苦、無煩、無熱、無憂慼正行。彼知此已，則便自稱。所以者何？若有結盡者，彼有亦盡，是故彼一切無苦、無煩、無熱、無憂慼正行。彼知此已，是故便自稱也。

「不求內樂，此法有苦、有煩、有熱、有憂慼邪行。彼知此已，則便自譏。所以者何？若有不求內樂者，彼亦不求內，是故彼一切有苦、有煩、有熱、有憂慼邪行。彼知此已，是故便自譏也。求於內樂，此法無苦、無煩、無熱、無憂慼正行。彼知此已，則便自稱。所以者何？若有求內樂者，彼亦求內，是故彼一切無苦、無煩、無熱、無憂慼正行。彼知此已，是故便自稱。如是有稱有譏而不說法也。

「不稱不譏而為說法，云何不稱不譏而為說法？若欲相應與喜樂俱極下賤業，為凡夫行，此法有苦、有煩、有熱、有憂慼邪行。彼知此已，則便說法。所以者何？彼不如是說，欲無常、苦、磨滅法。彼知欲無常已，是故彼一切有苦、有煩、有熱、有憂慼邪行。不達此法，唯有苦法，有煩、有熱、有憂慼邪行。彼知此已，是故便說法。自身苦行，至苦非聖行，無義相應，此法有苦、有煩、有熱、有憂慼邪行。彼知此已，則便說法。所以者何？彼不如是說，自身苦行，至苦非聖行，無義相應，此法有苦、有煩、有熱、有憂慼邪行。不達此法，唯有苦法，有煩、有熱、有憂慼邪行。彼知此已，是故便說法也。

「有結不盡，此法有苦、有煩、有熱、有憂慼邪行。彼知此已，則便說法。所以者何？彼不如是說，若有結不盡者，彼有亦不盡，是故彼一切有苦、有煩、有熱、有憂慼邪行。不達此法，唯有苦法，有煩、有熱、有憂慼邪行。彼知此已，是故便說法也。有結盡者，此法無苦、無煩、無熱、無憂慼正行。彼知此已，則便說法。所以者何？彼不如是說，若有結盡者，彼有亦盡，是故彼一切無苦、無煩、無熱、無憂慼正行。不達此法，唯無苦法，無煩、無熱、無憂慼正行。彼知此已，是故便說法也。

「不求內樂，此法有苦、有煩、有熱、有憂慼邪行。彼知此已，則便說法。所以者何？彼不如是說，若不求內樂者，彼亦不求內，是故彼一切有苦、有煩、有熱、有憂慼邪行。不達此法，唯有苦法，有煩、有熱、有憂慼邪行。彼知此已，是故便說法也。求於內樂，此法無苦、無煩、無熱、無憂慼正行。彼知此已，則便說法。所以者何？彼不如是說，若有求內樂者，彼亦求內，是故彼一切無苦、無煩、無熱、無憂慼正行。不達此法，唯無苦法，無煩、無熱、無憂慼正行。彼知此已，是故便說法。如是不稱不譏而為說法，有稱有譏、有無稱無譏而為說法者，因此故說也。

「決定於齊，決定知已，所有內樂當求彼者，此何因說？有樂非聖樂，是凡夫樂，病本、癰本、箭刺之本，有食有生死，不可修、不可習、不可廣布，我說於彼則不可修也。有樂是聖樂、無欲樂、離樂、息樂、正覺之樂，無食無生死，可修、可習、可廣布，我說於彼則可修也。云何有樂非聖樂，是凡夫樂，病本、癰本、箭刺之本，有食有生死，不可修、不可習、不可廣布，我說於彼不可修*耶？彼若因五欲功德生喜生樂，此樂非聖樂，是凡夫樂，病本、癰本、箭刺之本，有食有生死，不可修、不可習、不可廣布，我說於彼則不可修。云何有樂是聖樂、無欲樂、離樂、息樂、正覺之樂，無食無生死，可修、可習、可廣布，我說於彼則可修耶？若有比丘離欲、離惡不善之法，至得第四禪成就遊，此樂是聖樂、無欲樂、離樂、息樂、正覺之樂，無食無生死，可修、可習、可廣布，我說於彼則可修也。決定於齊，決定知已，所有內樂當求彼者，因此故說。

「莫相*道說，亦莫面前稱譽者，此何因說？有相*道說不真實、虛妄、無義相應，有相*道說真實、不虛妄、無義相應，有相*道說真實、不虛妄、與義相應。於中若有*道說不真實、虛妄、無義相應者，此終不可說；於中若有*道說真實、不虛妄、無義相應者，彼亦當學不說是也；於中若有*道說真實、不虛妄、義相應者，彼為知時，正智正念，令成就彼。如是面前稱譽莫相*道說，亦莫面前稱譽者，因此故說。

「齊限說，莫不齊限者，此何因說？不齊限說者，煩身，念憙忘，心疲極，聲壞，向智者不自在也。齊限說者，不煩身，念不憙忘，心不疲極，聲不壞，向智者得自在也。齊限說，莫不齊限者，因此故說。

「隨國俗法，莫是莫非者，此何因說？云何隨國俗法，是及非耶？彼彼方，彼彼人間，彼彼事，或說甌，或說檀，或說杅，或說椀，或說器。如彼彼方，彼彼人間，彼彼事，或說甌，或說檀，或說杅，或說椀，或說器；彼彼事，隨其力，一向說此是真諦，餘者虛妄。如是隨國俗法，是及非也。云何隨國俗法，不是不非耶？彼彼方，彼彼人間，彼彼事，或說甌，或說檀，或說杅，或說椀，或說器。如彼彼方，彼彼人間，彼彼事，或說甌，或說檀，或說杅，或說椀，或說器；彼彼事，不隨其力，不一向說此是真諦，餘者虛妄。如是隨國俗法，不是不非也。隨國俗法，莫是莫非者，因此故說。

「有諍法、無諍法，云何有諍法？云何無諍法？若欲相應與喜樂俱極下賤業，為凡夫行，此法有諍。以何等故此法有諍？此法有苦、有煩、有熱、有憂慼邪行，是故此法則有諍也。若自身苦行，至苦非聖行，無義相應，此法有諍。以何等故此法有諍？此法有苦、有煩、有熱、有憂慼邪行，是故此法則有諍也。離此二邊，則有中道，成眼成智，自在成定，趣智、趣覺、趣於涅槃，此法無諍。以何等故此法無諍？此法無苦、無煩、無熱、無憂慼正行，是故此法則無諍也。

「有結不盡，此法有諍。以何等故此法有諍？此法有苦、有煩、有熱、有憂慼邪行，是故此法則有諍也。有結滅盡，此法無諍。以何等故此法無諍？此法無苦、無煩、無熱、無憂慼正行，是故此法則無諍也。不求內樂，此法有諍。以何等故此法有諍？此法有苦、有煩、有熱、有憂慼邪行，是故此法則有諍也。求於內樂，此法無諍。以何等故此法無諍？此法無苦、無煩、無熱、無憂慼正行，是故此法則無諍也。

「於中若有樂非聖樂，是凡夫樂，病本、癰本、箭刺之本，有食有生死，不可修、不可習、不可廣布，我說於彼則不可修，此法有諍。以何等故此法有諍？此法有苦、有煩、有熱、有憂慼邪行，是故此法則有諍也。於中若有樂，是聖樂、無欲樂、離樂、息樂、正覺之樂，無食無生死，可修、可習、可廣布，我說於彼則可修也，此法無諍。以何等故此法無諍？此法無苦、無煩、無熱、無憂慼正行，是故此法則無諍也。

「於中若有導說不真實、虛妄、無義相應，此法有諍。以何等故此法有諍？此法有苦、有煩、有熱、有憂慼邪行，是故此法則有諍也。於中若有導說真實、不虛妄、無義相應，此法有諍。以何等故此法有諍？此法有苦、有煩、有熱、有憂慼邪行？是故此法則有諍也。於中若有導說真實、不虛妄、與義相應，此法無諍。以何等故此法無諍？此法無苦、無煩、無熱、無憂慼正行，是故此法則無諍也。

「無齊限說者，此法有諍。以何等故此法有諍？此法有苦、有煩、有熱、有憂慼邪行，是故此法則有諍也。齊限說者，此法無諍。以何等故此法無諍？此法無苦、無煩、無熱、無憂慼正行，是故此法則無諍也。

「隨國俗法，是及非，此法有諍。以何等故此法有諍？此法有苦、有煩、有熱、有憂慼邪行，是故此法則有諍也。隨國俗法，不是不非，此法無諍。以何等故此法無諍？此法*無苦、無煩、無熱、無憂慼正行，是故此法則無諍也。

「是謂諍法。汝等當知諍法及無諍法，知諍法及無諍法已，棄捨諍法，修習無諍法，汝等當學。如是，須菩提族姓子以無諍道，於後知法如法。

知法如真實，　須菩提說偈，　此行真實空，　捨此住止息。」

佛說如是，彼諸比丘聞佛所說，歡喜奉行。

拘樓瘦無諍經第八竟三千一十六字

中阿含經卷第四十三九千二百二十三字　第四分別誦

中阿含經卷第四十四

東晉罽賓三藏瞿曇僧伽提婆譯

（一七〇）根本分別品鸚鵡經第九第四分別誦

我聞如是：一時，佛遊舍衛國，在勝林給孤獨園。

爾時世尊過夜平旦，著衣持鉢，入舍衛⊙城乞食，於乞食時往詣鸚鵡摩納都提子家。是時鸚鵡摩納都提子少有所為，出行不在。彼時鸚鵡摩納都提子家有白狗，在大床上金*盤中食。於是白狗遙見佛來，見已便吠。

世尊語白狗：「汝不應爾，謂汝從呧至吠。」

白狗聞已，極大瞋恚，從床來下，至木聚邊憂慼愁臥。

鸚鵡摩納都提子於後還家見已，白狗極大瞋恚，從床來下，至木聚邊憂慼愁臥。問家人曰：「誰觸嬈我狗，令極大瞋恚，從床來下，至木聚邊憂慼愁臥？」

家人答曰：「我等都無觸嬈白狗，令大瞋恚，從床來下，至木聚邊憂慼愁臥。摩納！當知今日沙門瞿曇來此乞食，白狗見已，便逐吠之。沙門瞿曇語白狗曰：『汝不應爾，謂汝從呧至吠。』因是，摩納！故令白狗極大瞋恚，從床來下，至木聚邊憂慼愁臥。」

鸚鵡摩納都提子聞已，便大瞋恚，欲誣世尊，欲謗世尊，欲墮世尊，如是誣、謗、墮沙門瞿曇，即從舍衛出，往詣勝林給孤獨園。

彼時世尊無量大衆前後圍繞而為說法。世尊遙見鸚鵡摩納都提子來，告諸比丘：「汝等見鸚鵡摩納都提子來耶？」

答曰：「見也。」

世尊告曰：「鸚鵡摩納都提子今命終者，如屈伸臂頃，必生地獄。所以者何？以彼於我極大瞋恚。若有衆生因心瞋恚故，身壞命終必至惡處，生地獄中。」

於是鸚鵡摩納都提子往詣佛所，語世尊曰：「沙門瞿曇！今至我家乞食來耶？」

世尊答曰：「我今往至汝家乞食。」

「瞿曇向我白狗說何等事，令我白狗極大瞋恚，從床來下，至木聚邊憂慼愁臥？」

世尊答曰：「我今平旦著衣持鉢，入舍衞乞食，展轉往詣汝家乞食。於是白狗遙見我來，見已而吠。我語白狗：『汝不應爾，謂汝從呧至吠。』是故白狗極大瞋恚，從床來下，至木聚邊憂慼愁臥。」

鸚鵡摩納問世尊曰：「白狗前世是我何等？」

世尊告曰：「止！止！摩納！愼莫問我，汝聞此已，必不可意。」

鸚鵡摩納復更再三問世尊曰：「白狗前世是我何等？」

世尊亦至再三告曰：「止！止！摩納！愼莫問我，汝聞此已，必不可意。」

世尊復告於摩納曰：「汝至再三問我不止。摩納！當知彼白狗者，於前世時即是汝父，名都提也。」

鸚鵡摩納聞是語已，倍極大恚，欲誣世尊，欲謗世尊，欲墮世尊，如是誣、謗、墮沙門瞿曇，語世尊曰：「我父都提大行布施，作大齋祠，身壞命終，正生梵天，何因何緣乃生於此下賤狗中？」

世尊告曰：「汝父都提以此增上慢，是故生於下賤狗中。

梵志增上慢，　此終六處生，
雞狗猪及豺，　驢五地獄六。

「鸚鵡摩納！若汝不信我所說者，汝可還歸語白狗曰：『若前世時是我父者，白狗當還在大床上。』摩納！白狗必還上床也。『若前世時是我父者，白狗還於金*盤中食。』摩納！白狗必當還於金*盤中食也。『若前世時是我父者，示我所學金、銀、水精、珍寶藏處，謂我所不知。』摩納！白狗必當示汝已前所學金、銀、水精、珍寶藏處，謂汝所不知。」

於是鸚鵡摩納聞佛所說，善受持誦，繞世尊已，而還其家，語白狗曰：「若前世時是我父者，白狗當還在大床上。」白狗即還在大床上。「若前世時是我父者，白狗還於金*盤中食。」白狗即還金*盤中食。「若前世時是我父者，當示於我父本所學金、銀、水精、珍寶藏處，謂我所不知。」白狗即從床上來下，往至前世所止宿處，以口及足掊床四脚下，鸚鵡摩納便從彼處大得寶物。

於是鸚鵡摩納都提子得寶物已，極大歡喜，以右膝著地，叉手向勝林給孤獨園，再三舉聲，稱譽世尊：「沙門瞿曇所說不虛！沙門瞿曇所說真諦！沙門瞿曇所說如*實！」再三稱譽已，從舍衛出，往詣勝林給孤獨園。

爾時世尊無量大眾前後圍繞而為說法。世尊遙見鸚鵡摩納來，告諸比丘：「汝等見鸚鵡摩納來耶？」

答曰：「見也。」

世尊告曰：「鸚鵡摩納今命終者，如屈伸臂頃，必至善處。所以者何？彼於我極有善心。若有眾生因善心故，身壞命終必至善處，生於天中。」

爾時鸚鵡摩納往詣佛所，共相問訊，却坐一面。世尊告曰：「云*何？摩納！如我所說白狗者為如是耶？不如是耶？」

鸚鵡摩納白曰：「瞿曇！實如所說。瞿曇！我復欲有所問，聽乃敢陳。」

世尊告曰：「恣汝所問。」

「瞿曇！何因何緣彼衆生者，俱受人身而有高下，有妙不妙？所以者何？瞿曇！我見有短壽、有長壽者，見有多病、有少病者，見不端正、有端正者，見無威德、有威德者，見有卑賤族、有尊貴族者，見無財物、有財物者，見有惡智、有善智者。」

世尊答曰：「彼衆生者，因自行業，因業得報，緣業、依業、業處，眾生隨其高下處妙不妙。」

鸚鵡摩納白世尊曰：「沙門瞿曇所說至略，不廣分別，我不能知。願沙門瞿曇為我廣說，令得知義！」

世尊告曰：「摩納！諦聽！善思念之，我當為汝廣分別說。」

鸚鵡摩納白曰：「唯然，當受教聽。」

佛言：「摩納！何因何緣男子、女人壽命極短？若有男子、女人殺生凶弊，極惡飲血，害意著惡，無有慈心，於諸眾生乃至蜫蟲。彼受此業，作具足已，身壞命終必至惡處，生地獄中；來生人間，壽命極短。所以者何？此道受短壽，謂男子、女人殺生凶弊，極惡飲血。摩納！當*知此業有如是報也。

「摩納！何因何緣男子、女人壽命極長？若有男子、女人離殺、斷殺，棄捨刀杖，有慙有愧，有慈悲心，饒益一切乃至蜫蟲。彼受此業，作具足已，身壞命終必昇善處，生於天中；來生人間，壽命極長。所以者何？此道受長壽，謂男子、女人離殺、斷殺。摩納！當知此業有如是報也。

「摩納！何因何緣男子、女人多有疾病？若有男子、女人觸嬈衆生，彼或以手拳、或以木石、或以刀杖，觸嬈衆生，彼受此業，作具足已，身壞命終必至惡處，生地獄中；來生人間，多有疾病。所以者何？此道受多疾病，謂男子、女人觸嬈衆生。摩納！當知此業有如是報也。

「摩納！何因何緣男子、女人無有疾病？若有男子、女人不觸嬈衆生，彼不以手拳、不以木石、不以刀杖，觸嬈衆生。彼受此業，作具足已，身壞命終必昇善處，生於天中；來生人間，無有疾病。所以者何？此道受無疾病，謂男子、女人不觸嬈衆生。摩納！當知此業有如是報也。

「摩納！何因何緣男子、女人形不端正？若有男子、女人急性多惱，彼少所聞，便大瞋恚，憎嫉生憂，廣生諍怒。彼受此業，作具足已，身壞命終必至惡處，生地獄中；來生人間，形不端正。所以者何？此道受形不端正，謂男子、女人急性多惱。摩納！當知此業有如是報也。

「摩納！何因何緣男子、女人形體端正？若有男子、女人不急性多惱，彼聞柔軟麤*獷強言，不大瞋恚，不憎嫉生憂，不廣生諍怒。彼受此業，作具足已，身壞命終必昇善處，生於天中；來生人間，形體端正。所以者何？此道受形體端正，謂男子、女人不急性多惱。摩納！當知此業有如是報也。

「摩納！何因何緣男子、女人無有威德？若有男子、女人內懷嫉妬，彼見他得供養恭敬便生嫉妬；若見他有物，欲令我得。彼受此業，作具足已，身壞命終必至惡處，生地獄中；來生人間，無有威德。所以者何？此道受無威德，謂男子、女人內懷嫉妬。摩納！當知此業有如是報也。

「摩納！何因何緣男子、女人有大威德？若有男子、女人不懷嫉妬，彼見他得供養供敬不生嫉妬；若見他有物，不欲令我得。彼受此業，作具足已，身壞命終必昇善處，生於天中；來生人間，有大威德。所以者何？此道受有威德，謂男子、女人不懷嫉妬。摩納！當知此業有如是報也。

「摩納！何因何緣男子、女人生卑賤族？若有男子、女人憍慠大慢，彼可敬不敬，可重不重，可貴不貴，可奉不奉，可供養不供養，可與道不與道，可與坐不與坐，可叉手向禮拜問訊不叉手向禮拜問訊。彼受此業，作具足已，身壞命終必至惡處，生地獄中；來生人間，生卑賤族。所以者何？此道受生卑賤族，謂男子、女人憍慠大慢。摩納！當知此業有如是報也。

「摩納！何因何緣男子、女人生尊貴族？若有男子、女人不憍慠大慢，彼可敬而敬，可重而重，可貴而貴，可奉事而奉事，可供養而供養，可與道而與道，可與坐而與坐，可叉手向禮拜問訊而叉手向禮拜問訊。彼受此業，作具足已，身壞命終必昇善處，生於天中；來生人間，生尊貴族。所以者何？此道受生尊貴族，謂男子、女人不憍慠大慢。摩訥！當知此業有如是報也。

「摩納！何因何緣男子、女人無有財物？若有男子、女人不作施主，不行布施，彼不施與沙門、梵志、貧窮、孤獨、遠來、乞者，飲食、衣被、華鬘、塗香、屋舍、床榻、明燈、給使。彼受此業，作具足已，身壞命終必至惡處，生地獄中；來生人間，無有財物。所以者何？此道受無財物，謂男子、女人不作施主，不行布施。摩納！當知此業有如是報也。

「摩納！何因何緣男子、女人多有財物？若有男子、女人作施主，行布施，彼施與沙門、梵志、貧窮、孤獨、遠來、乞者，飲食、衣被、花鬘、塗香、屋舍、床榻、明燈、給使。彼受此業，作具足已，身壞命終必昇善處，生於天中；來生人間，多有財物。所以者何？此道受多有財物，謂男子、女人作施主，行布施。摩納！當知此業有如是報也。

「摩納！何因何緣男子、女人有惡智慧？若有男子、女人不數數往詣彼問事，彼若有名德、沙門、梵志，不往詣彼，隨時問義：『諸尊！何者為善？何者不善？何者為罪？何者非罪？何者為妙？何者不妙？何者為白？何者為黑？白黑從何生？何義現世報？何義後世報？』設問不行。彼受此業，作具足已，身壞命終必至惡處，生地獄中；來生人間，有惡智慧。所以者何？此道受惡智慧，謂男子、女人不數數往詣彼問事。摩納！當知此業有如是報也。

「摩納！何因何緣男子、女人有善智慧？若有男子、女人能數數往詣彼問事，彼若有名德、沙門、梵志，數往詣彼，隨時問義：『諸尊！何者為善？何者不善？何者為罪？何者非罪？何者為妙？何者不妙？何者為白？何者為黑？白黑從何生？何義現世報？何義後世報？』問已能行。彼受此業，作具足已，身壞命終必昇善處，生於天中；來生人間，有善智慧。所以者何？此道受善智慧，謂男子、女人能數數往詣彼問事。摩納！當知此業有如是報也。

「摩納！當知作短壽相應業，必得短壽；作長壽相應業，必得長壽。作多疾病相應業，必得多疾病；作少疾病相應業，必得少疾病。作不端正相應業，必得不端正；作端正相應業，必得端正。作無威德相應業，必得無威德；作威德相應業，必得威德。作卑賤族相應業，必得卑賤族；作尊貴族相應業，必得尊貴族。作無財物相應業，必得無財物；作多財物相應業，必得多財物。作惡智慧相應業，必得惡智慧；作善智慧相應業，必得善智慧。摩納！此是我前所說：眾生因自行業，因業得報：緣業、依業、業處，眾生隨其高下處妙不妙。」

鸚鵡摩納都提子白曰：「世尊！我已解。善逝！我已知。世尊！我今自歸於佛、法及比丘眾，唯願世尊受我為優婆塞！從今日始，終身自歸，乃至命盡。世尊！從今日入都提家，如入此舍衛地優婆塞家，令都提家長夜得利義，得饒益安隱快樂。」

佛說如是，鸚鵡摩納都提子及無量眾聞佛所說，歡喜奉行。

鸚鵡經第九竟（三千四百六十五字）

（一七一）中阿含根本分別品分別大業經第十（第四分別誦）

我聞如是：一時，佛遊王舍城，在竹林迦蘭哆園。

爾時尊者三彌提亦遊王舍城，住無事禪屋中。於是異學哺羅陀子，中後彷徉，往詣尊者三彌提所，共相問訊，却坐一面：「賢三彌提！我欲有所問，聽我問耶？」

尊者三彌提答曰：「賢哺羅陀子！欲問便問，我聞已當思。」

異學哺羅陀子便問曰：「賢三彌提！我面從沙門瞿曇聞，面從沙門瞿曇受：『身、口業虛妄，唯意業真諦。或有定，比丘入彼定無所覺。』」

尊者三彌提告曰：「賢哺羅陀子！汝莫作是說！莫誣謗世尊！誣謗世尊者，為不善也。世尊不如是說。賢哺羅陀子！世尊無量方便說：『若故作業，作已成者，我說無不受報，或現世受，或後世受；若不故作業，作已成者，我不說必受報也。』」

異學哺羅陀子至再三語尊者三彌提曰：「賢三彌提！我面從沙門瞿曇聞，面從沙門瞿曇受：『身、口業虛妄，唯意業真諦。或有定，比丘入彼定無所覺。』」

尊者三彌提亦再三告曰：「賢哺羅陀子！汝莫作是說！莫誣謗世尊！誣謗世尊者，為不善也。世尊不如是說。賢哺羅陀子！世尊無量方便說：『若故作業，作已成者，我說無不受報，或現世受，或後世受；若不故作業，作已成者，我不說必受報也。』」

異學哺羅陀子問尊者三彌提：「若故作業，作已成者，當受何報？」

尊者三彌提答曰：「賢哺羅陀子！若故作業，作已成者，必受苦也。」

異學哺羅陀子復問尊者三彌提曰：「賢三彌提！汝於此法律學道幾時？」

尊者三⊙彌提答曰：「賢哺羅陀子！我於此法律學道未久，始三年耳。」

於是異學哺羅陀子便作是念：「年少比丘尚能護師，況復舊學上尊②人耶？」

於是異學哺羅陀子聞尊者三彌提所說，不是不非，即從座起，奮頭而去。

彼時尊者大周那去尊者三彌提晝行坐處不遠，於是尊者大周那謂尊者三彌提與異學哺羅陀子所共論者，彼盡誦習。善受持已，即從座起，往詣尊者阿難所，共相問訊，卻坐一面，謂尊者三彌提與異學哺羅陀子所共論者，盡向尊者阿難說之。

尊者阿難聞已，語曰：「賢者周那！得因此論，可往見佛，奉獻世尊。賢者周那！今共詣佛，具向世尊而說此義，或能因是得從世尊聞異法也。」

於是尊者阿難、尊者大周那，共往詣佛。尊者大周那稽首佛足，卻坐一面；尊者阿難稽首佛足，卻住一面。彼時尊者阿難語曰：「賢者大周那！可說！可說！」

於是世尊問曰：「阿難！周那比丘欲說何事？」

尊者阿難白曰：「世尊！今自當聞。」

於是尊者大周那謂尊者三彌提與異學哺羅陀子所共論者，盡向佛說。世尊聞已，告曰：「阿難！看三彌提比丘癡人無道。所以者何？異學哺羅陀子問事不定，而三彌提比丘癡人一向答也。」

尊者阿難白曰：「世尊！若三彌提比丘因此事說：『所有覺者是苦。』當何咎耶？」

世尊呵尊者阿難曰：「看阿難比丘亦復無道。阿難！此三彌提癡人，彼異學哺羅陀子盡問三覺：樂覺、苦覺、不苦不樂覺。阿難！若三彌提癡人為異學哺羅陀子所問，如是答者：『賢哺羅陀子！若故作樂業，作已成者，當受樂報。若故作苦業，作已成者，當受苦報。若故作不苦不樂業，作已成者，當受不苦不樂報。』阿難！若三彌提癡人為異學哺羅陀子所問，如是答者，異學哺羅陀子眼尚不敢視三彌提癡人，況復能問如是事耶？阿難！若汝從世尊*聞分別大業經者，於如來倍復增上心*靜得喜。」

於是尊者阿難叉手向佛，白曰：「世尊！今正是時。善逝！今正是時。若世尊為諸比丘說分別大業經者，諸比丘聞已，當善受持。」

世尊告曰：「阿難！諦聽！善思念之，我當為汝具分別說。」

尊者阿難白曰：「唯然。」

時諸比丘受教而聽，佛言：「阿難！或有一不離殺、不與取、邪婬、妄言乃至邪見，此不離、不護已，身壞命終，生善處天中。阿難！或有一離殺、不與取、邪婬、妄言乃至邪見，此離、護已，身壞命終，生惡處地獄中。阿難！或有一不離殺、不與取、邪婬、妄言乃至邪見，此不離、不護已，身壞命終，生惡處地獄中。阿難！或有一離殺、不與取、邪婬、妄言乃至邪見，此離、護已，身壞命終，生善處天中。

「阿難！若有一不離殺、不與取、邪婬、妄言乃至*邪見，此不離、不護已，身壞命終，生善處天中者：若有沙門、梵志得天眼，成就天眼而見彼，見已作是念：『無身惡行，亦無身惡行報；無口、意惡行，亦無口、意惡行報。所以者何？我見彼不離殺、不與取、邪婬、妄言乃至邪見，此不離、不護已，身壞命終，生善處天中。若更有如是比不離殺、不與取、邪婬、妄言乃至邪見，此不離、不護者，彼一切身壞命終，亦生善處天中。如是見者，則為正見；異是見者，則彼智趣*邪。』若所見所知極力捫摸，一向著說：『此是真諦，餘皆虛妄。』」

「阿難！若有一離殺、不與取、邪婬、妄言乃至邪見，此離、護已，身壞命終，生惡處地獄中者；若有沙門、梵志得天眼，成就天眼而見彼，見已作是念：『無身妙行，亦無身妙行報；無口、意妙行，亦無口、意妙行報。所以者何？我見彼離殺、不與取、邪婬、妄言乃至邪見，此離、護已，身壞命終，生惡處地獄中。若更有如是比離殺、不與取、邪婬、妄言乃至邪見，此離、護者，彼一切身壞命終，亦生惡處地獄中。如是見者，則為正見；異是見者，則彼智趣*邪。』若所見所知極力捫摸，一向著說：『此是真諦，餘皆虛妄。』

「阿難！若有一不離殺、不與取、邪婬、妄言乃至邪見，此不離、不護已，身壞命終，生惡處地獄中者；若有沙門、梵志得天眼，成就天眼而見彼，見已作是念：『有身惡行，亦有身惡行報；有口、意惡行，亦有口、意惡行報。所以者何？我見彼不離殺、不與取、邪婬、妄言乃至邪見，此不離、不護已，身壞命終，生惡處地獄中。若更有如是比不離殺、不與取、邪婬、妄言乃至邪見，此不離、不護者，彼一切身壞命終，亦生惡處地獄中。如是見者，則為正見；異是見者，則彼智趣*邪。』若所見所知極力捫摸，一向著說：『此是真諦，餘皆虛妄。』

「阿難！若有一離殺、不與取、邪婬、妄言乃至邪見，此離、護已，身壞命終，生善處天中者；若有沙門、梵志得天眼，成就天眼而見彼，見已作是念：『有身妙行，亦有身妙行報；有口、意妙行，亦有口、意妙行報。所以者何？我見彼離殺、不與取、邪婬、妄言乃至邪見，此離、護已，身壞命終，生善處天中。若更有如是比離殺、不與取、邪婬、妄言乃至邪見，此離、護者，彼一切身壞命終，亦生善處天中。如是見者，則為正見；異是見者，則彼智趣*邪。』若所見所知極力捫摸，一向著說：『此是真諦，餘皆虛妄。』

「阿難！於中若有一沙門、梵志，得天眼，成就天眼，作如是說

：無身惡行，亦無身惡行報；無口、意惡行，亦無口、意惡行報者，我不聽彼。若作是說：我見彼不離殺、不與取、邪婬、妄言乃至邪見，此不離、不護已，身壞命終，生善處天中，我聽彼也。若作是說：若更有如是比不離殺、不與取、邪婬、妄言乃至邪見，此不離、不護者，彼一切身壞命終，亦生善處天中者，我不聽彼。若作是說：如是見者，則為正見；異是見者，則彼智趣邪者，我不聽彼。若所見所知極力捫摸，一向著說：此是真諦，餘皆虛妄者，我不聽彼。所以者何？阿難！如來知彼人異。

「阿難！於中若有一沙門、梵志，得天眼，成就天眼，作如是說：無身妙行，亦無身妙行報；無口、意妙行，亦無口、意妙行報，我不聽彼。若作是說：我見彼離殺、不與取、邪婬、妄言乃至邪見，此離、護已，身壞命終，生惡處地獄中，我聽彼也。若作是說：若更有如是比離殺、不與取、邪婬、妄言乃至邪見，此離、護者，彼一切身壞命終，亦生惡處地獄中者，我不聽彼。若作是說：如是見者，則為正見；異是見者，則彼智趣邪者，我不聽彼。若所見所知極力捫摸，一向著說：此是真諦，餘皆虛妄者，我不聽彼。所以者何？阿難！如來知彼人異。

「阿難！於中若有一沙門、梵志，得天眼，成就天眼，作如是說：有身惡行，亦有身惡行報；有口、意惡行，亦有口、意惡行報，我聽彼也。若作是說：我見彼不離殺、不與取、邪婬、妄言乃至邪見，此不離、不護已，身壞命終，生惡處地獄中者，我聽彼也。若作是說：若更有如是比不離殺、不與取、邪婬、妄言乃至邪見，此不離、不護者，彼一切身壞命終，亦生惡處地獄中者，我不聽彼。若作是說：如是見者，則為正見；異是見者，則彼智趣邪者，我不聽彼。若所見所知極力捫摸，一向著說：此是真諦，餘皆虛妄者，我不聽彼。所以者何？阿難！如來知彼人異。

「阿難！於中若有一沙門、梵志，得天眼，成就天眼，作如是說：有身妙行，亦有身妙行報；有口、意妙行，亦有口、意妙行報者，我聽彼也。若作是說：我見彼離殺、不與取、邪婬、妄言乃至邪見，此離、護已，身壞命終，生善處天中者，我聽彼也。若作是說：若更有如是比離殺、不與取、邪婬、妄言乃至邪見，彼一切身壞命終，亦生善處天中者，我不聽彼。若作是說：如是見者，則為正見；異是見者，則彼智趣邪者，我不聽彼。若所見所知極力捫摸，一向著說：此是真諦，餘皆虛妄者，我不聽彼。所以者何？阿難！如來知彼人異。

「阿難！若有一不離殺、不與取、邪婬、妄言乃至邪見，此不離、不護已，身壞命終，生善處天中者；彼若本作不善業，作已成者，因不離、不護故，彼於現法中受報訖而生於彼。或復因後報故，彼不以此因、不以此緣，身壞命終，生善處天中。或復本作善業，作已成者，因離、護故，未盡應受善處報，彼因此緣此故，身壞命終，生善處天中。或復死時生善心，心所有法正見相應，彼因此緣此，身壞命終，生善處天中。阿難！如來知彼人為如是也。

「阿難！若有一離殺、不與取、邪婬、妄言乃至邪見，此離、護已，身壞命終，生惡處地獄中者；彼若本作善業，作已成者，因離、護故，彼於現法中受報訖而生於彼。或復因後報故，彼不以此因、不以此緣，身壞命終，生惡處地獄中。或復本作不善業，作已成者，因不離、不護故，未盡應受地獄報，彼因此緣此，身壞命終，生惡處地獄中。或復死時生不善心，心所有法邪見相應，彼因此緣此，身壞命終，生惡處地獄中。阿難！如來知彼人為如是也。

「阿難！若有一不離殺、不與取、邪婬、妄言乃至邪見，此不離、不護已，身壞命終，生惡處地獄中者，彼即因此緣此，身壞命終，生惡處地獄中。或復本作不善業，作已成者，因不離、不護故，未盡應受地獄報，彼因此緣此，身壞命終，生惡處地獄中。或復死時生不善心，心所有法邪見相應，彼因此緣此，身壞命終，生惡處地獄中。阿難！如來知彼人為如是也。

「阿難！若有一離殺、不與取、邪婬、妄言乃至邪見，此離、護已，身壞命終，生善處天中者，彼即因此緣此，身壞命終，生善處天中。或復本作善業，作已成者，因離、護故，未盡應受報，彼因此緣此，身壞命終，生善處天中。或復死時生善心，心所有法正見相應，彼因此緣此，身壞命終，生善處天中。阿難！如來知彼人為如是也。

「復次，有四種人：或有人無有似有，或有似無有，或無有似無有，或有似有。阿難！猶如四種㮈：或㮈不熟似熟，或熟似不熟，或不熟似不熟，或熟似熟。如是，阿難！四種㮈喻人：或有人無有似有，或有似無有，或無有似無有，或有似有。」

佛說如是，尊者阿難及諸比丘聞佛所說，歡喜奉行。

分別大業經第十竟三千五百七字

中阿含經卷第四十四六千九百七十二字

中阿含根本分別品第二竟二萬四千五百八十九字　第四分別誦

南無護法韋馱尊天菩薩

中阿含經

主　編—全佛編輯部
出版者—全佛文化出版社
地址／台北市信義路三段二〇〇號五樓
永久信箱／台北郵政二六～三四一號信箱
電話／（〇二）七〇一一〇五七・七〇一〇九四五
郵撥／一七六二六五五八　全佛文化出版社
全套定價—新台幣一二〇〇元（八冊）
初　版—一九九七年四月

國家圖書館出版品預行編目資料

中阿含經／（東晉）罽賓三藏瞿曇僧伽提婆譯；
全佛編輯部主編. --初版. --臺北市：全
佛文化，1997［民86］
冊；　公分

ISBN 957-9462-68-2(一套：平裝)

1.小乘經典

221.82　　86004085

中阿含經

東晉罽賓三藏瞿曇僧伽提婆　譯

隨身佛典

隨身佛典

中阿含經

東晉罽賓三藏瞿曇僧伽提婆 譯

隨身佛典

中阿含經

東晉罽賓三藏瞿曇僧伽提婆 譯

隨身佛典

中阿含經

東晉罽賓三藏瞿曇僧伽提婆 譯